ぴよぴよコンサート 1

発表会のためのソロ曲集　（たのしい両手）

遠藤 蓉子・著　サーベル社

JN196394

は　じ　め　に

　本書は、「ぴよぴよピアノ」と「ぴよぴよワーク・ブック」の姉妹編として、主に小さい生徒さんの発表会のための曲集として作られたものです。「ぴよぴよピアノ」では右手と左手を別々に練習していきますので、通常のレッスンにおいても、余裕のある生徒さんには本書を併用することによって両手のタイミングを学ぶことができます。

　ほとんどがオリジナル曲で、小さい生徒さんが発表会などで演奏することを考慮して少し長めのアレンジになっています。レッスンにおいて日々の課題として練習する時は1ページずつでも構いません。また、本書は「ぴよぴよピアノ」の1巻に対応する形をとっていますので、最初の2曲は左手のソでタイミングを学びますが、そのあとは右手のドレミと左手のドシラのみで構成されています。少ない音でもきれいなメロディーを十分に演奏することができますので、それぞれの曲を深く味わいながら弾いていただきたたいと思っています。

　習い始めたばかりの生徒さんにとっては、同時奏はどの曲もそれなりに難しいとは思いますが、早い段階で両手のタイミングをつかむことはピアノの上達への近道ですので、ぜひファイトをもって挑戦してください。

　本書が、小さい生徒さんたちの発表会のためにお役に立てば幸いです。

2017年7月

遠　藤　蓉　子

も　く　じ

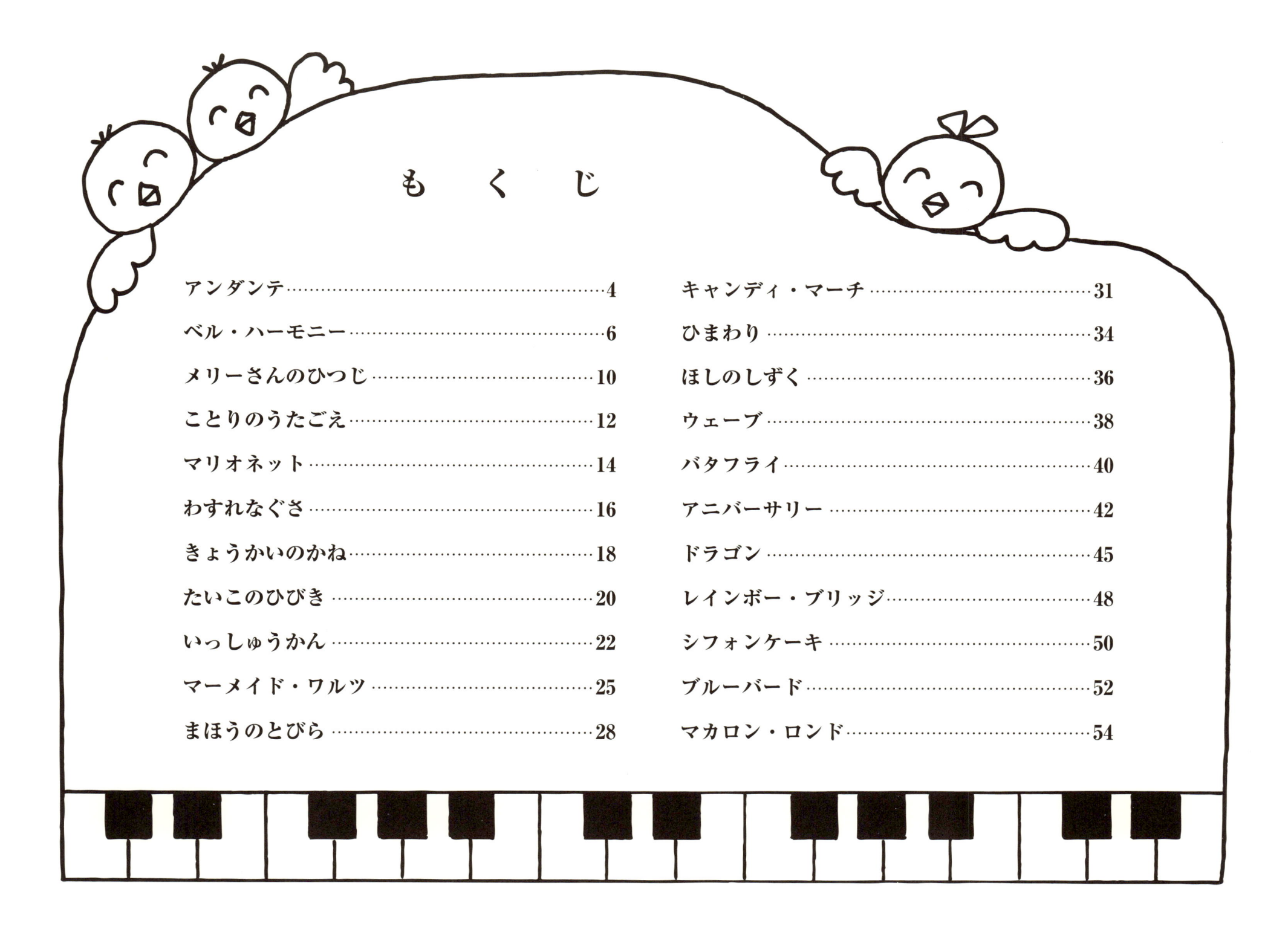

アンダンテ

ゆったりと歩いているように

エリオット

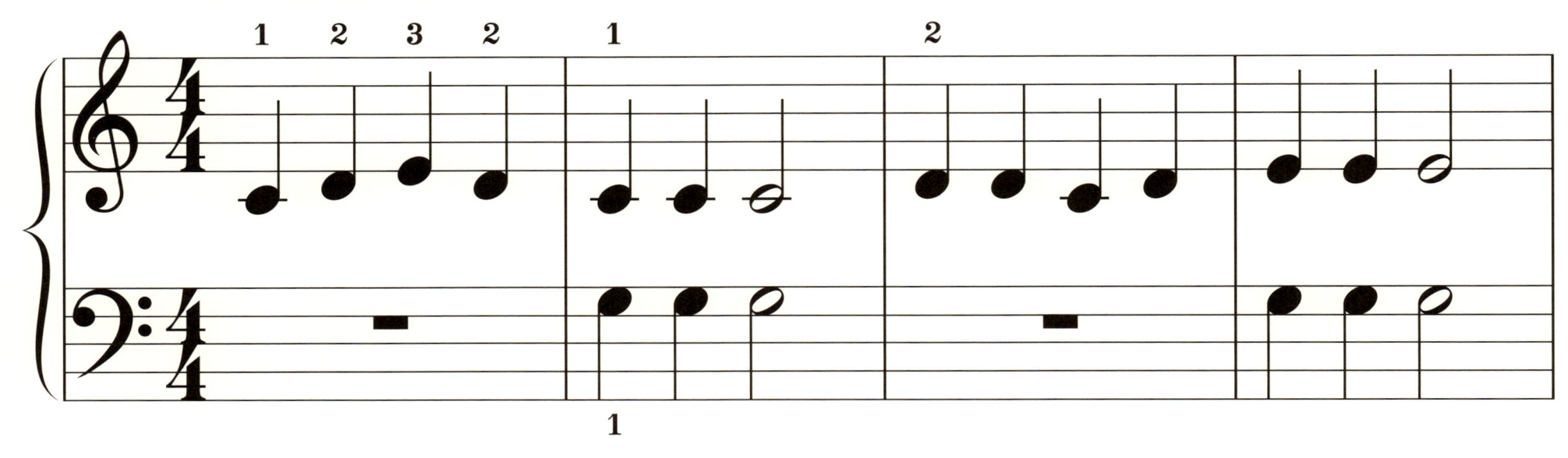

Fine

D.C.

ベル・ハーモニー

エリオット

一つ一つの音をはっきりと

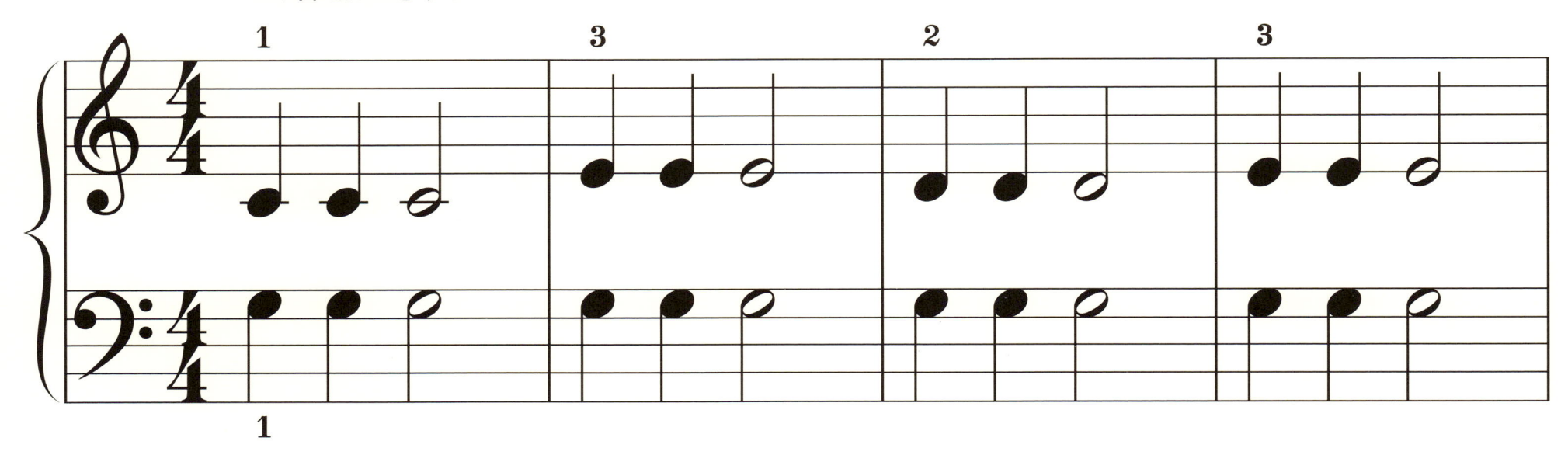

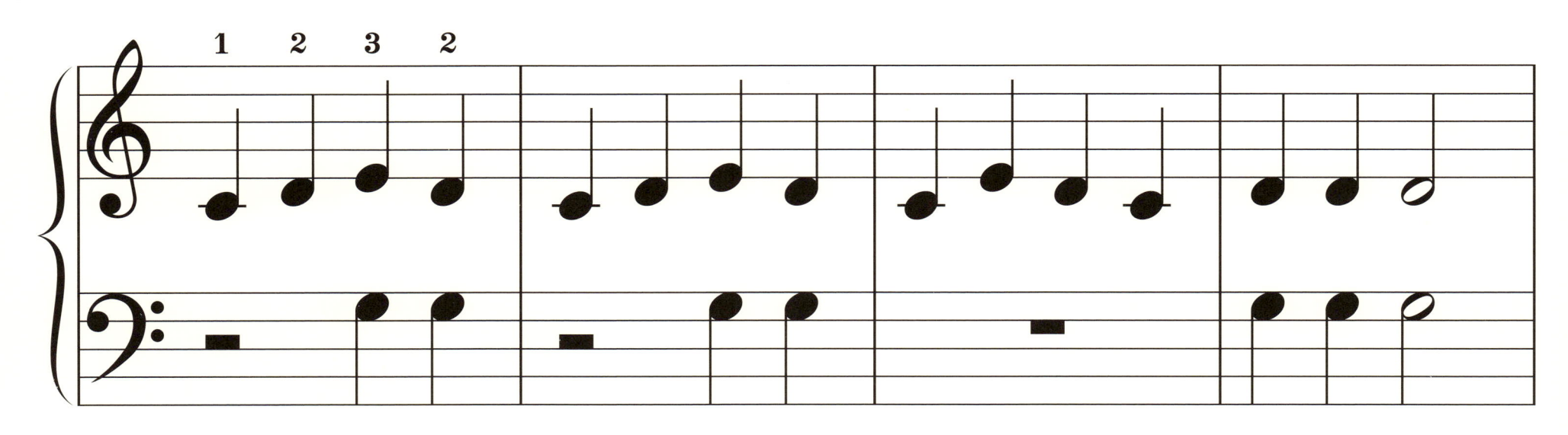

Fine

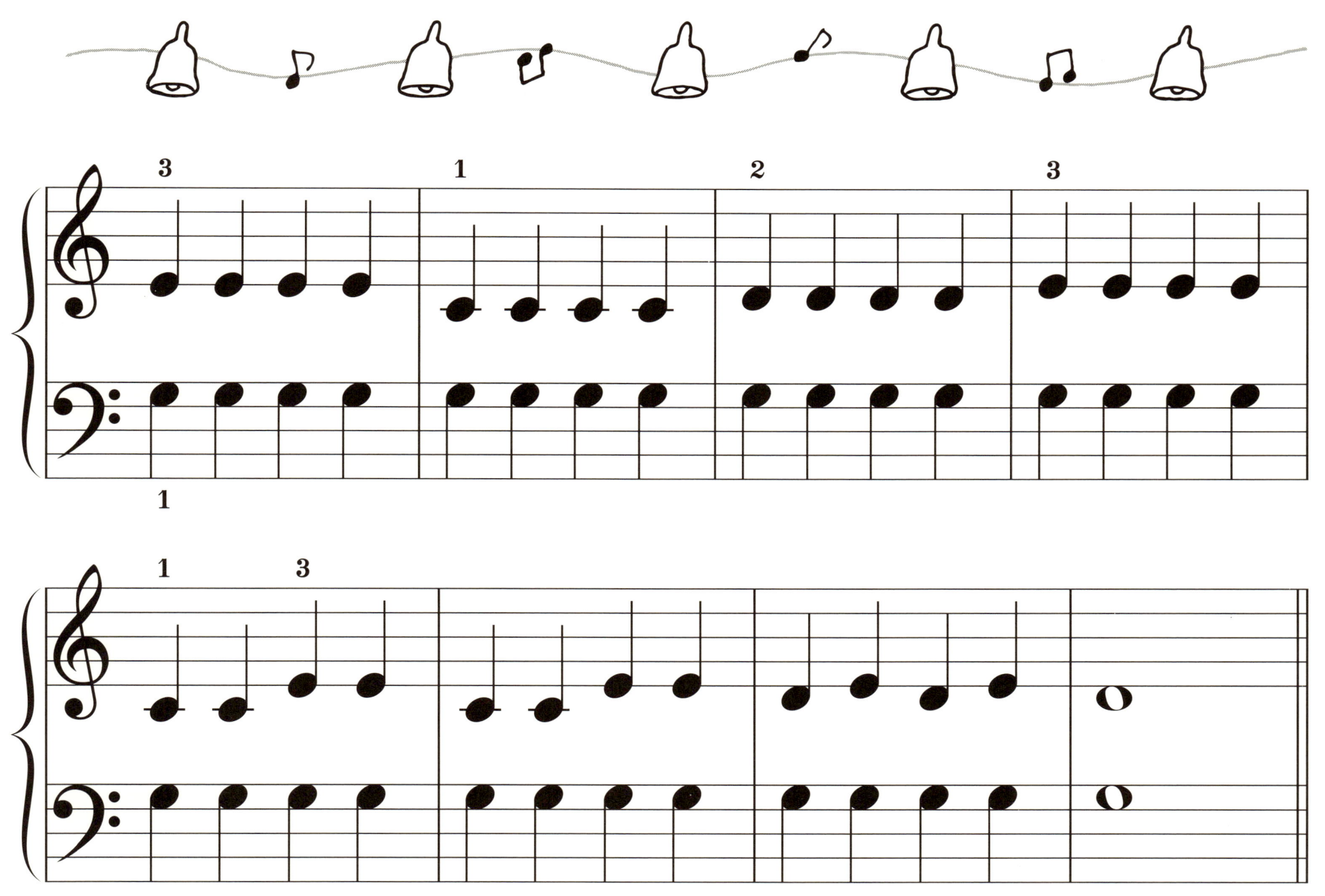

メリーさんのひつじ

かわいくうたうように

アメリカ民謡

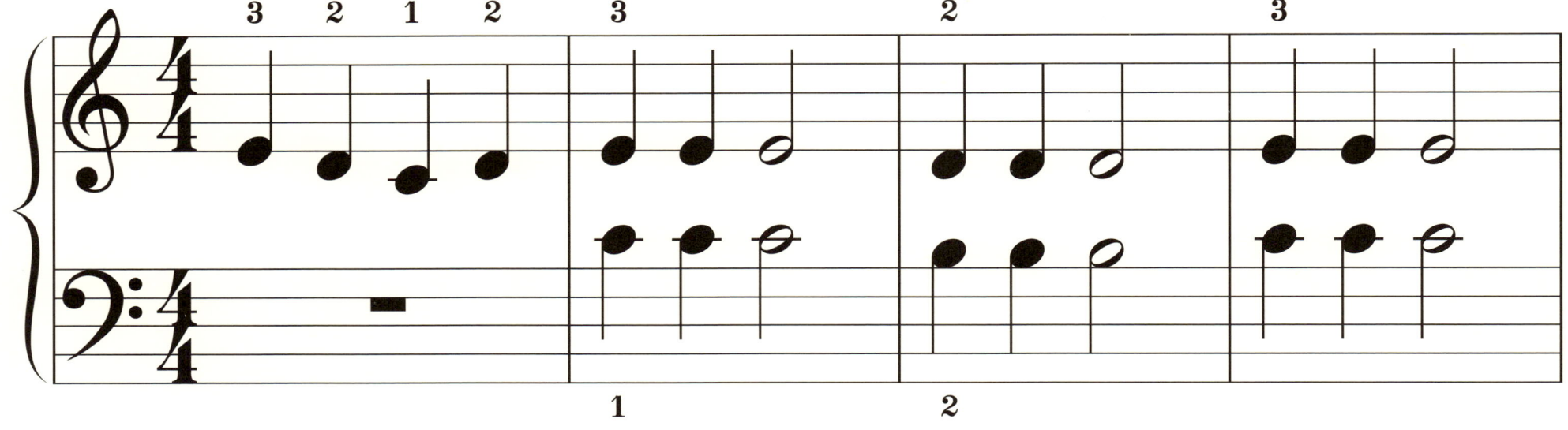

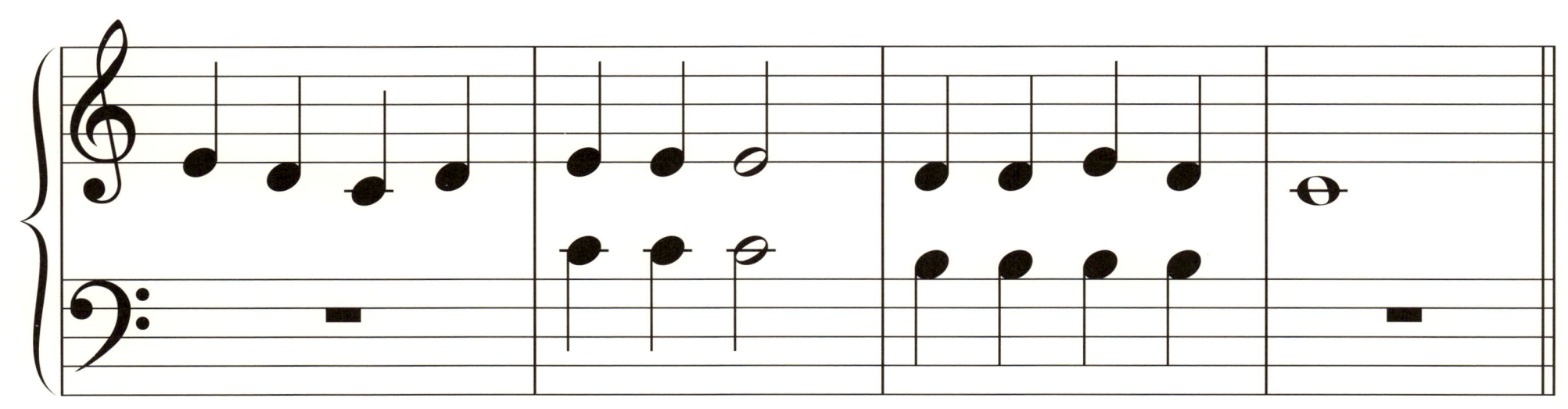

Fine

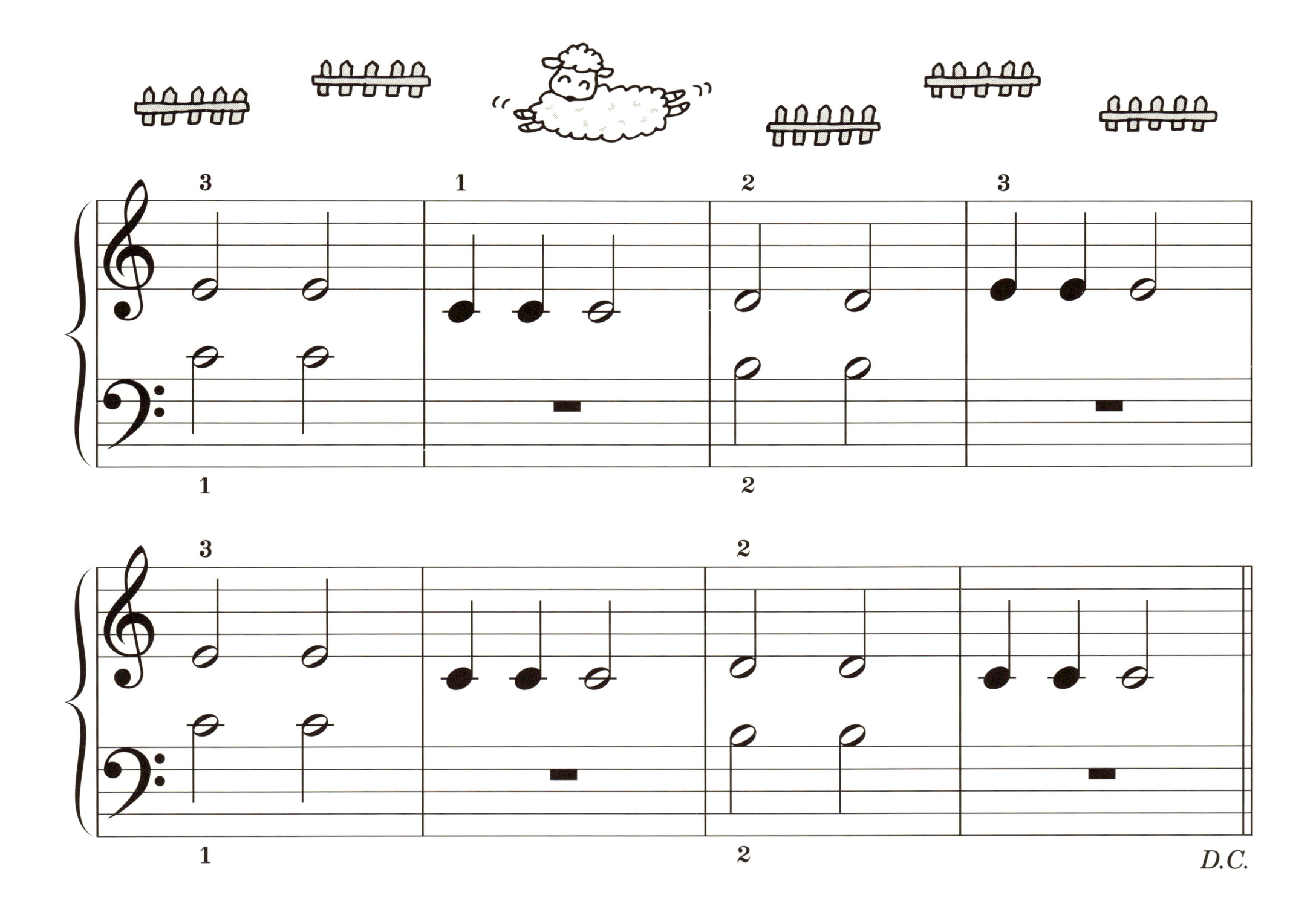

ことりのうたごえ

エリオット

小鳥がうたっているように楽しく

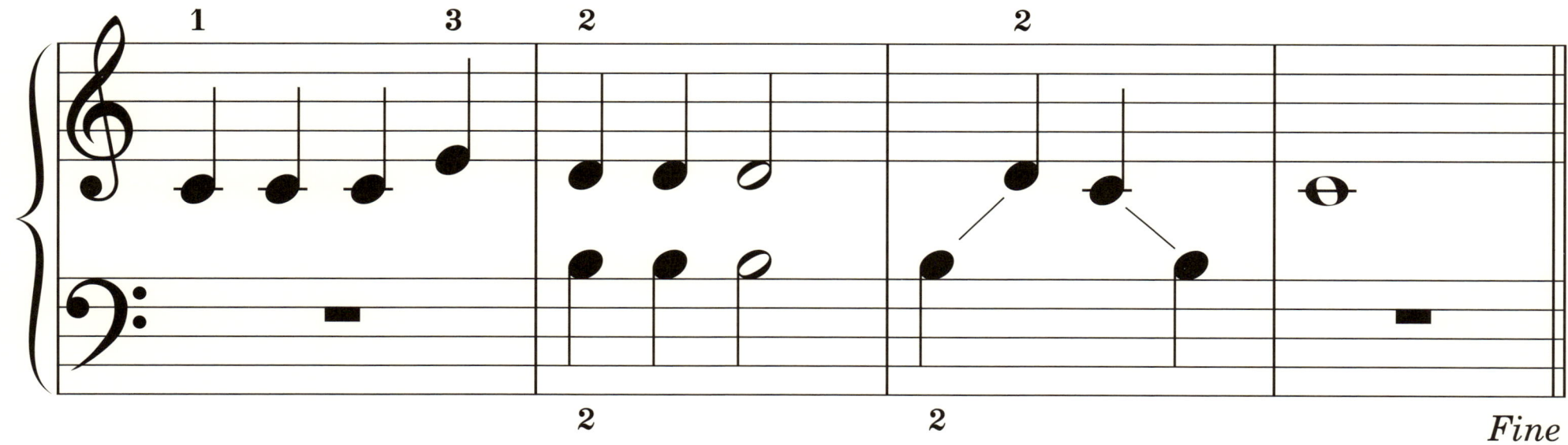

Fine

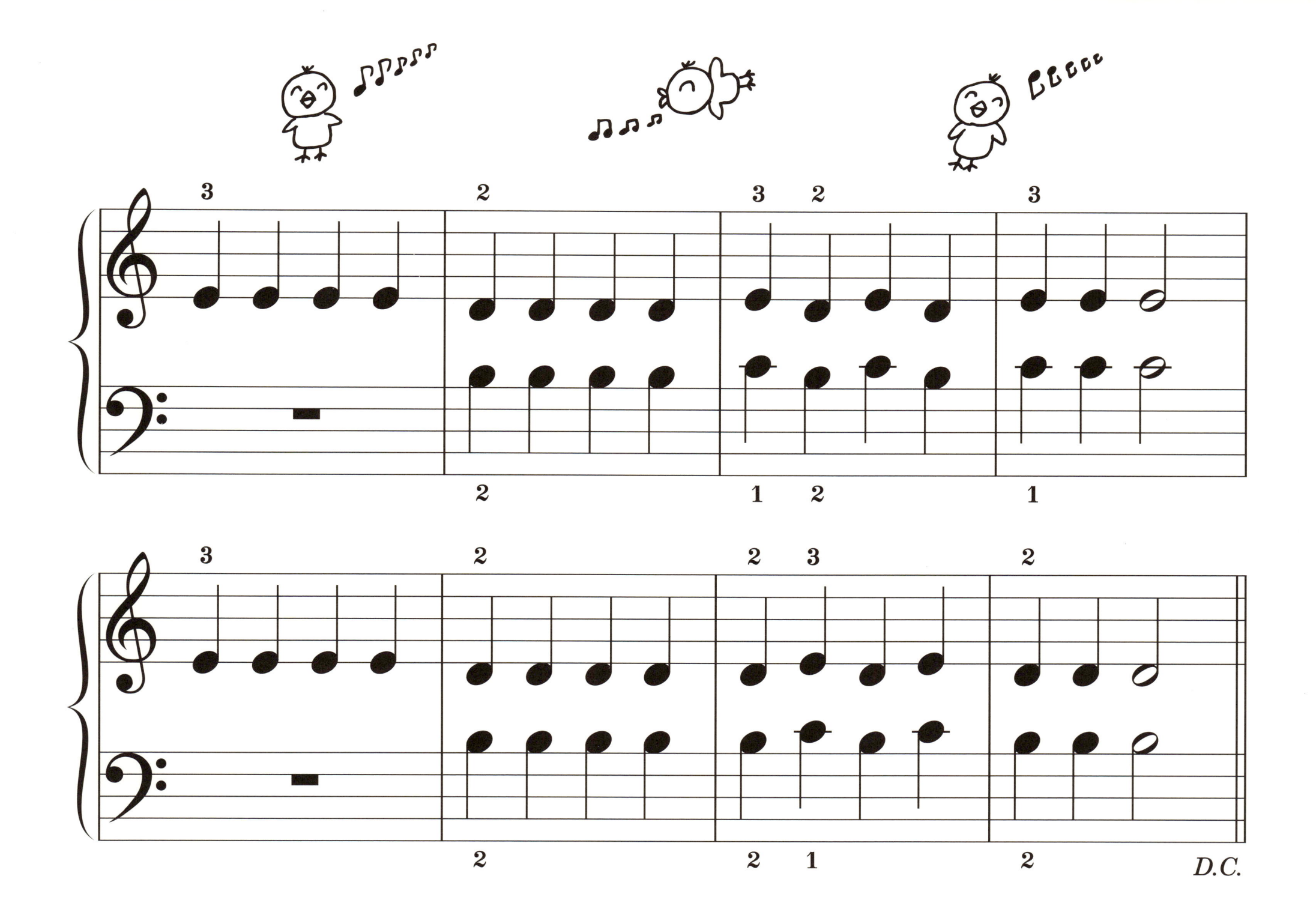

D.C.

マリオネット

やさしく話しかけるように

エリオット

Fine

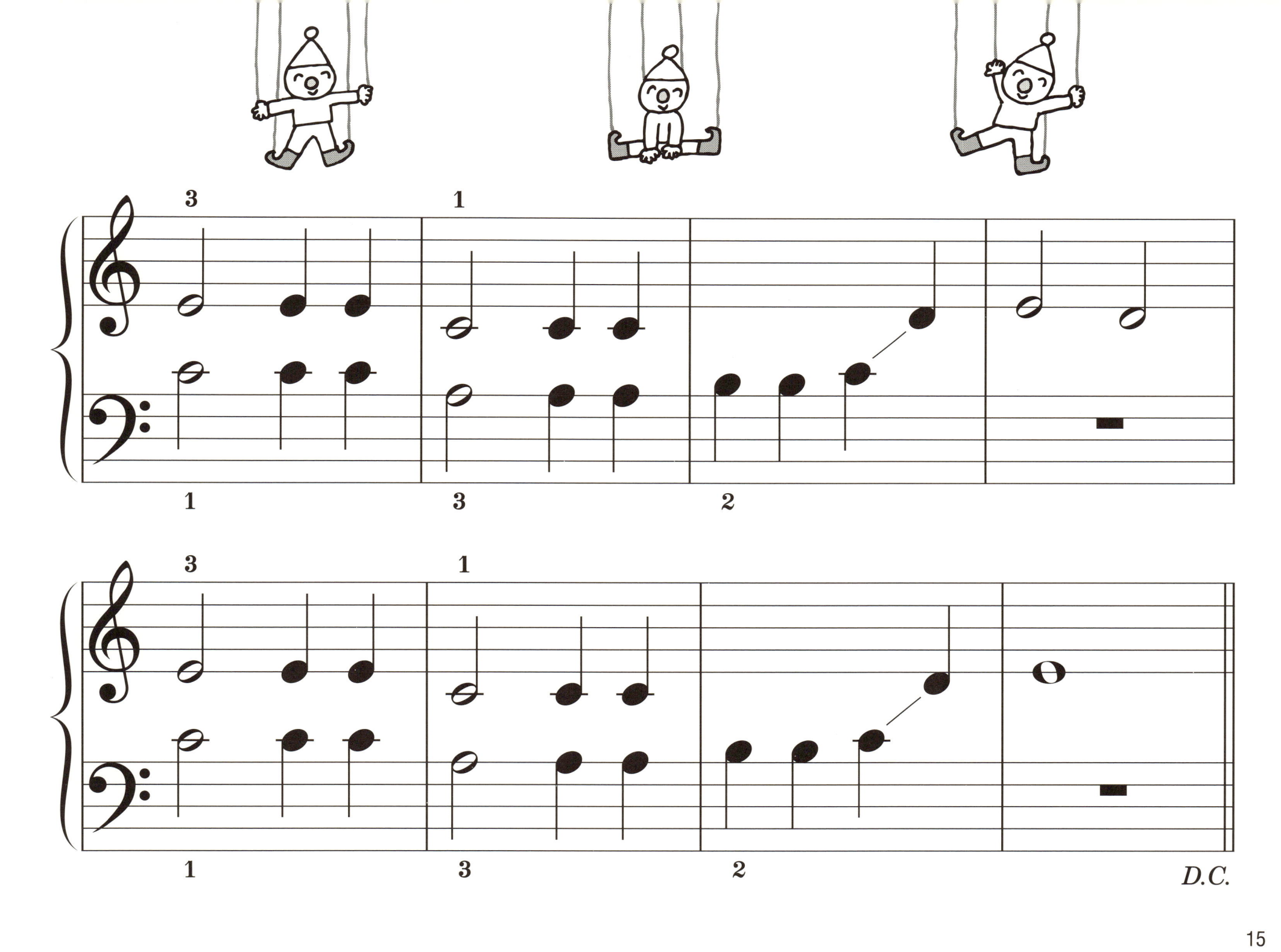

D.C.

わすれなぐさ

エリオット

やさしい気持ちで

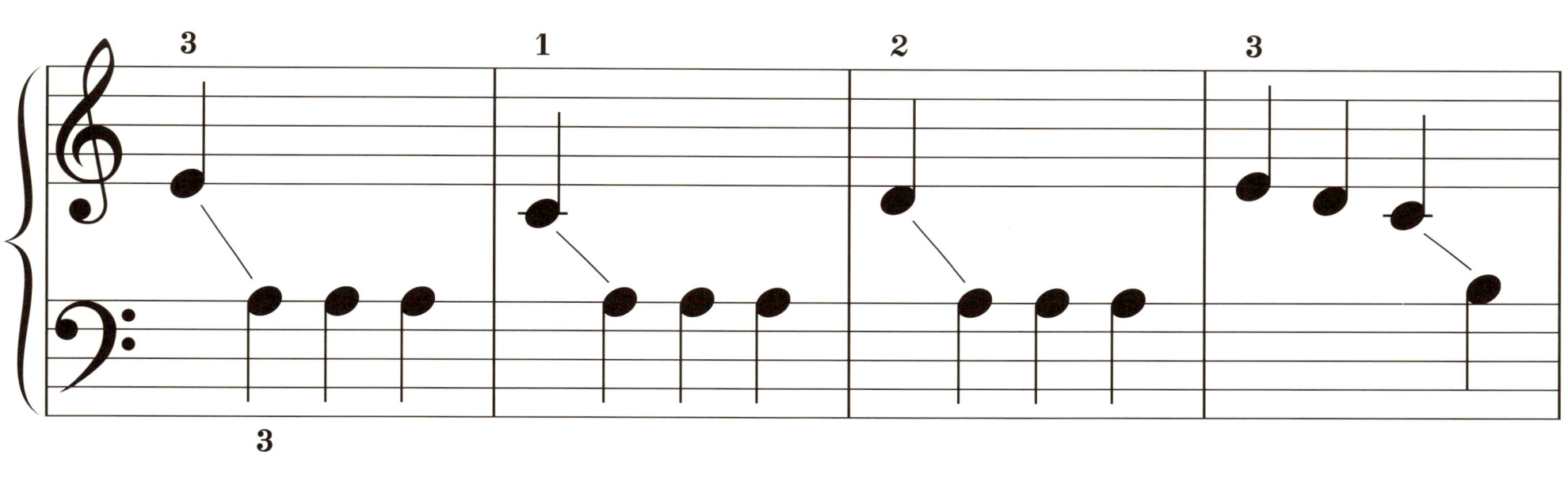

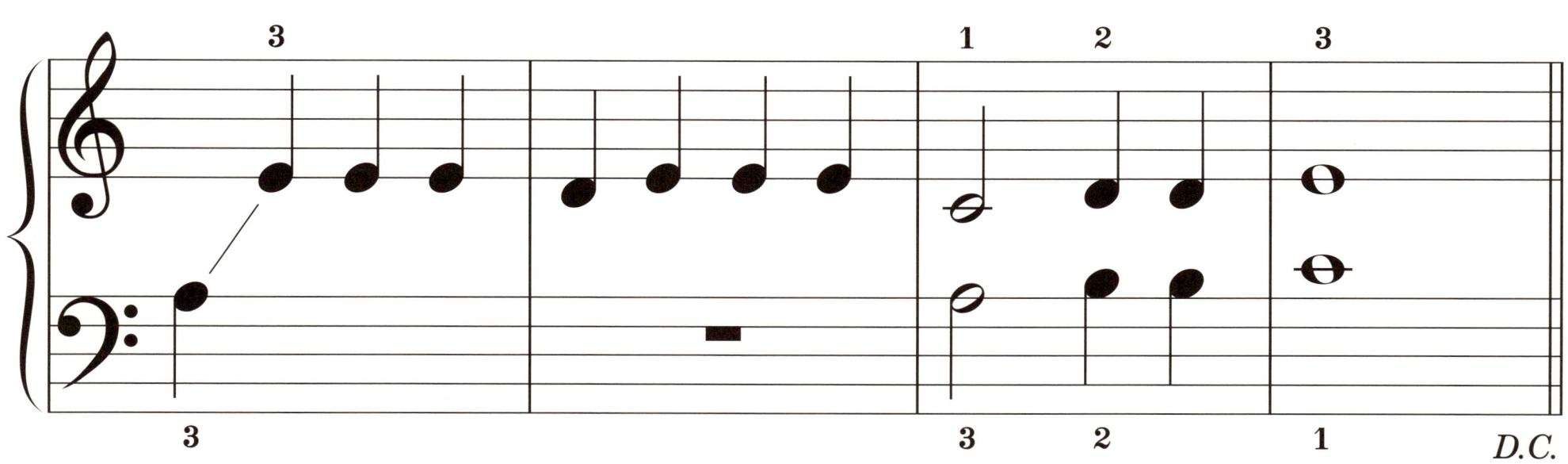

D.C.

きょうかいのかね

音のひびきを聞きながら

エリオット

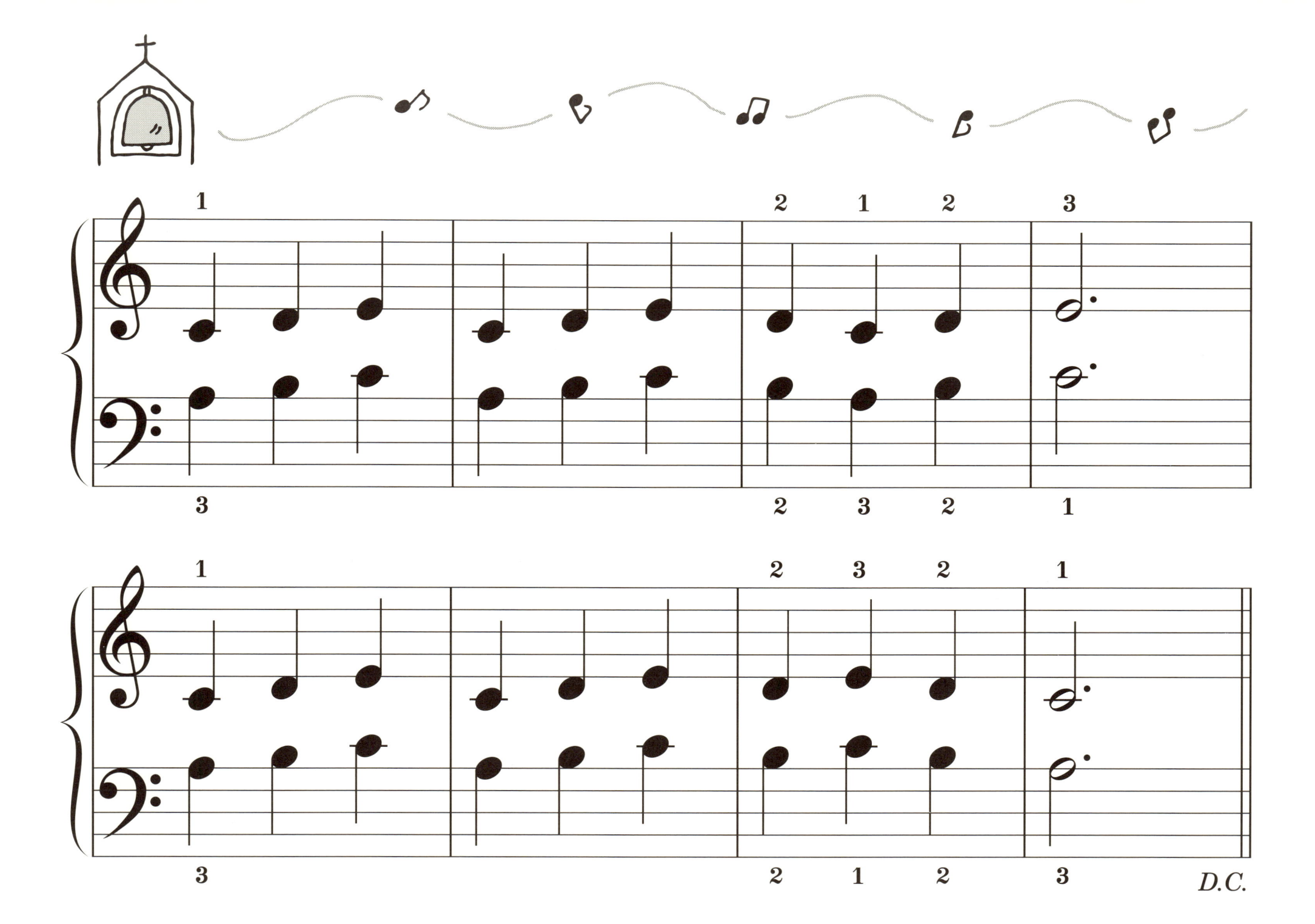

19

たいこのひびき

エリオット

力強くたいこを打つように

Fine

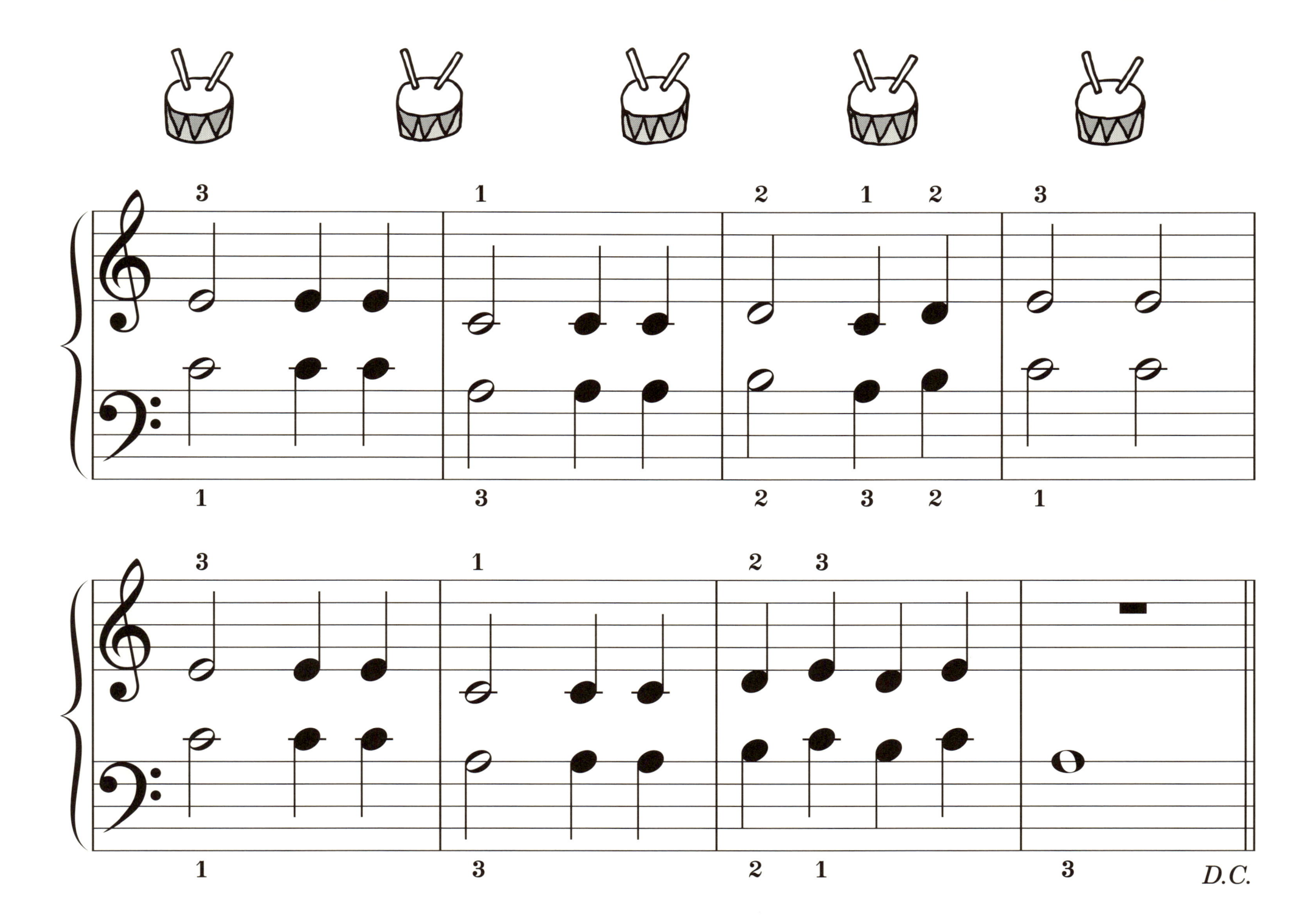

いっしゅうかん

ロシア民謡

リズムにのって

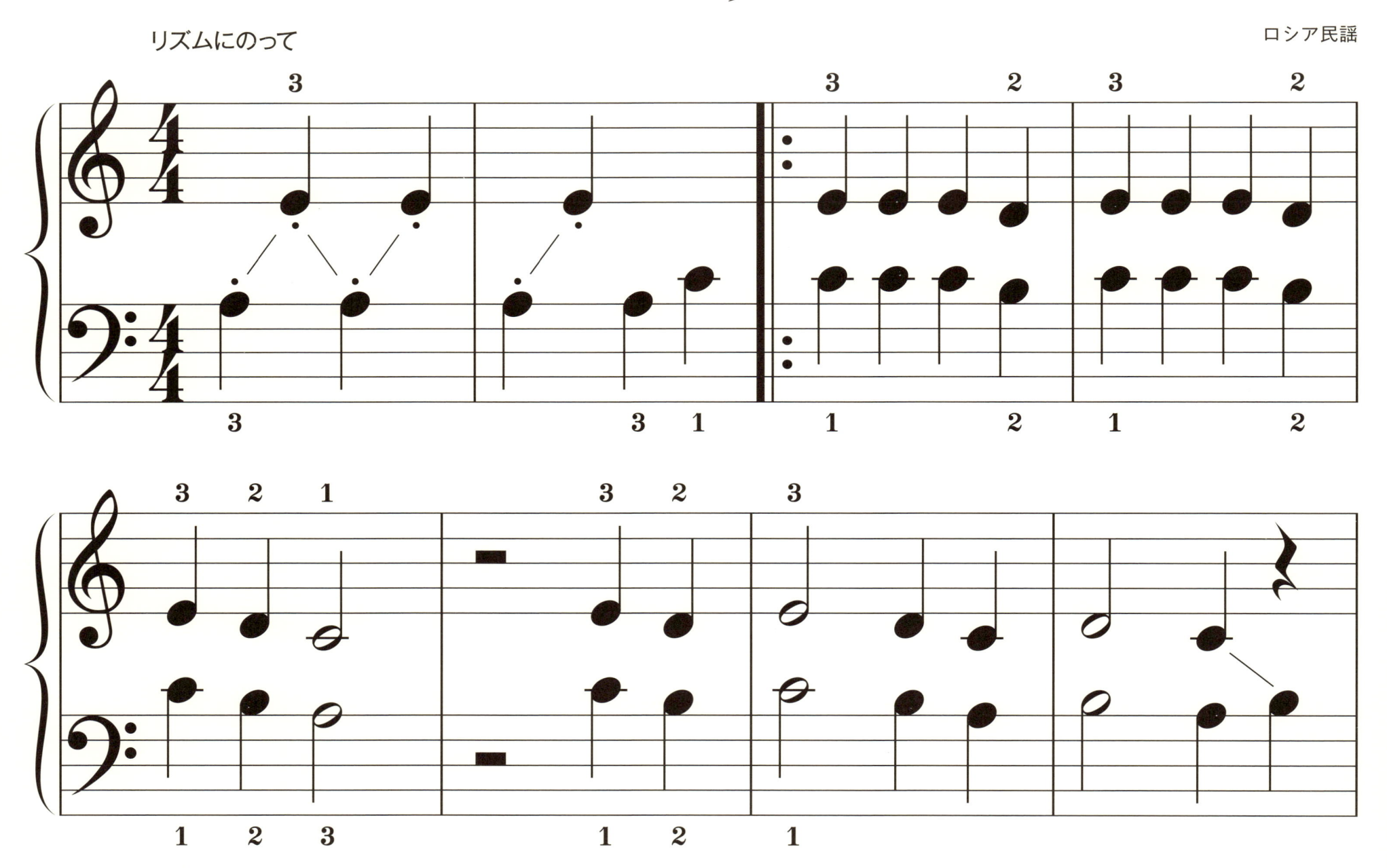

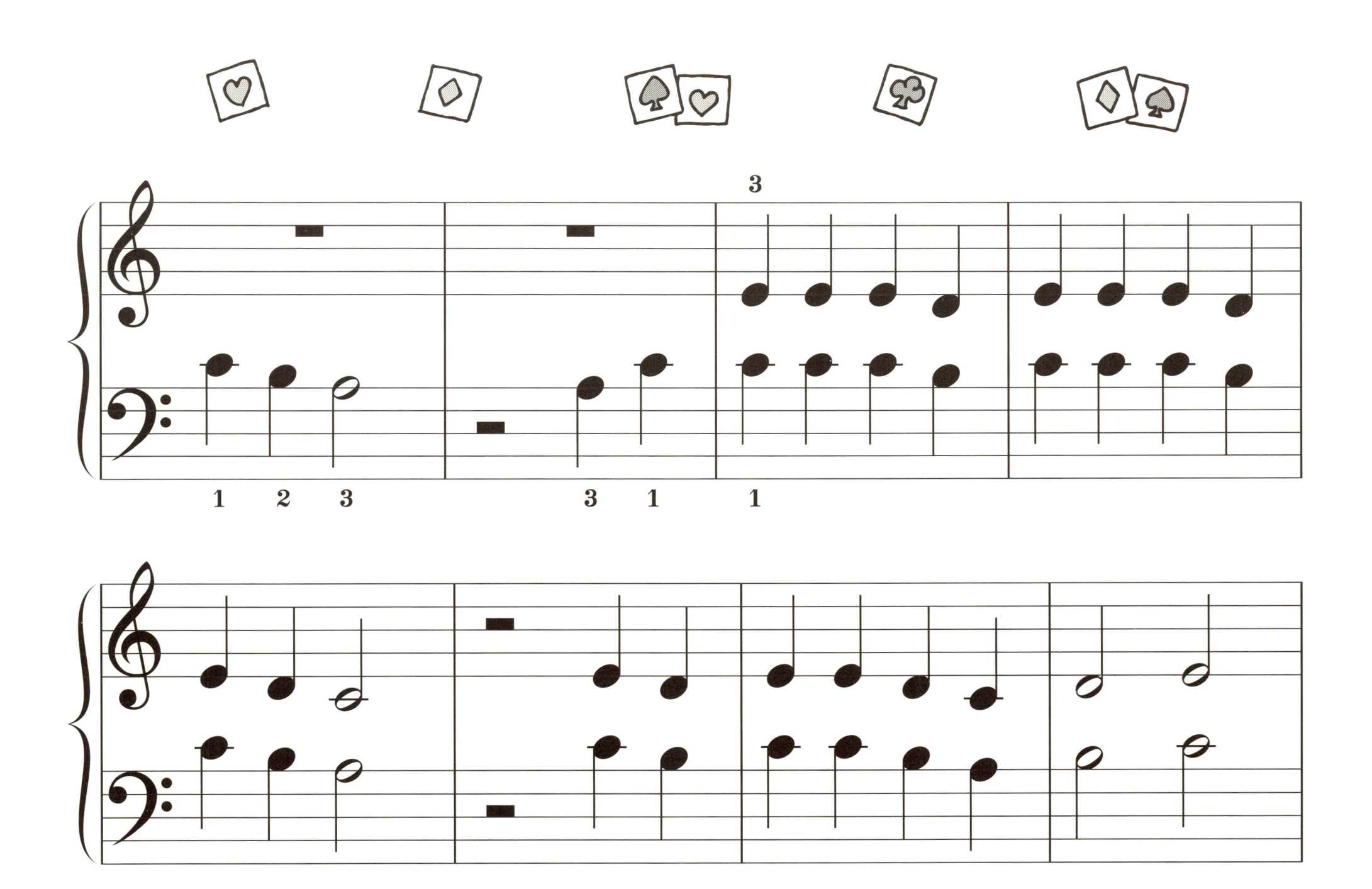

23

マーメイド・ワルツ

なめらかに流れるように

エリオット

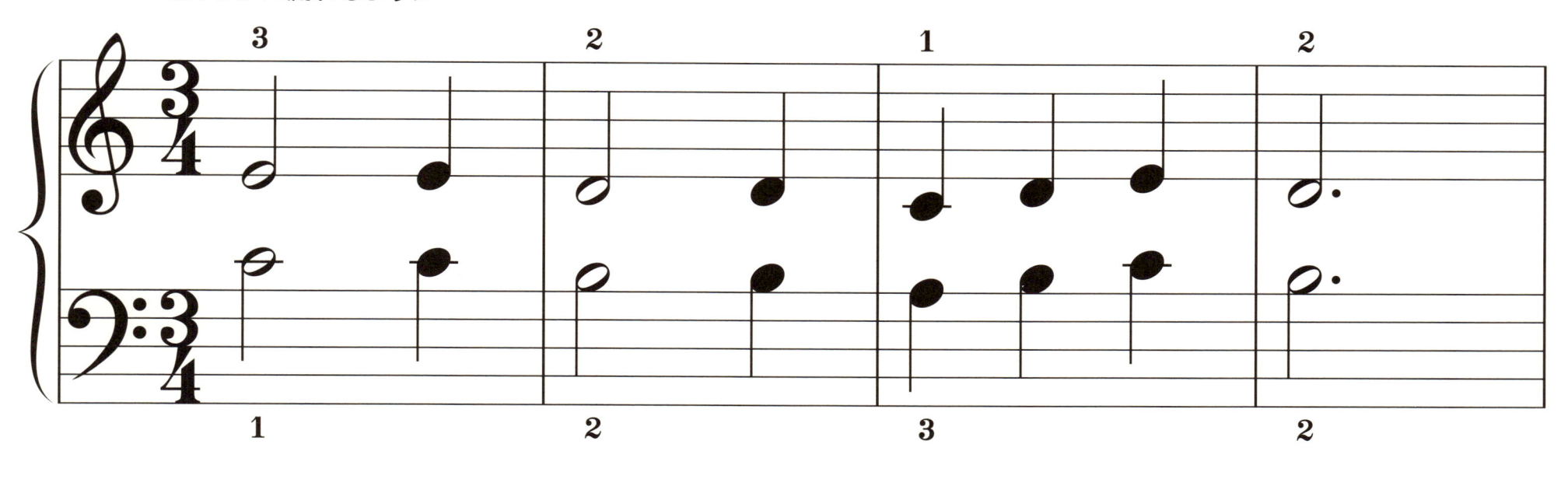

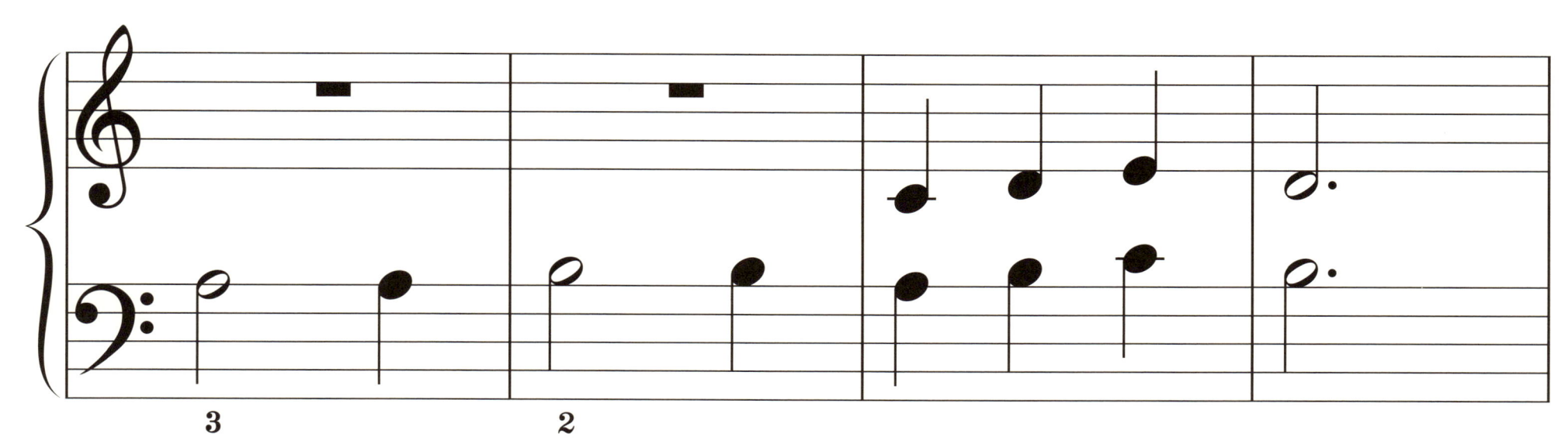

まほうのとびら

ふしぎな感じで

エリオット

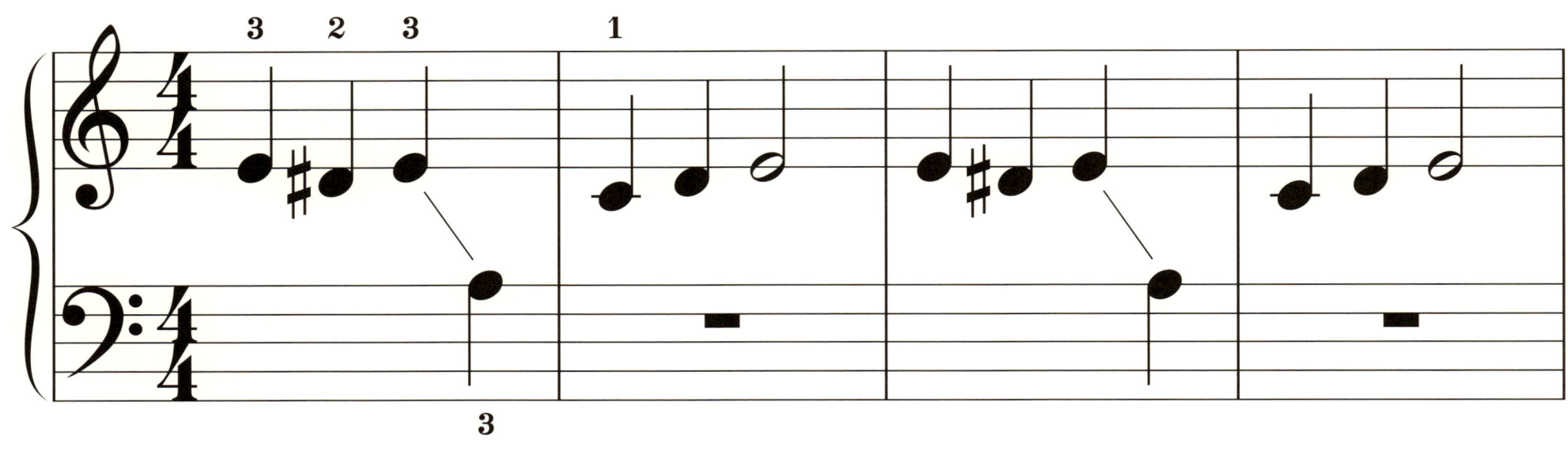

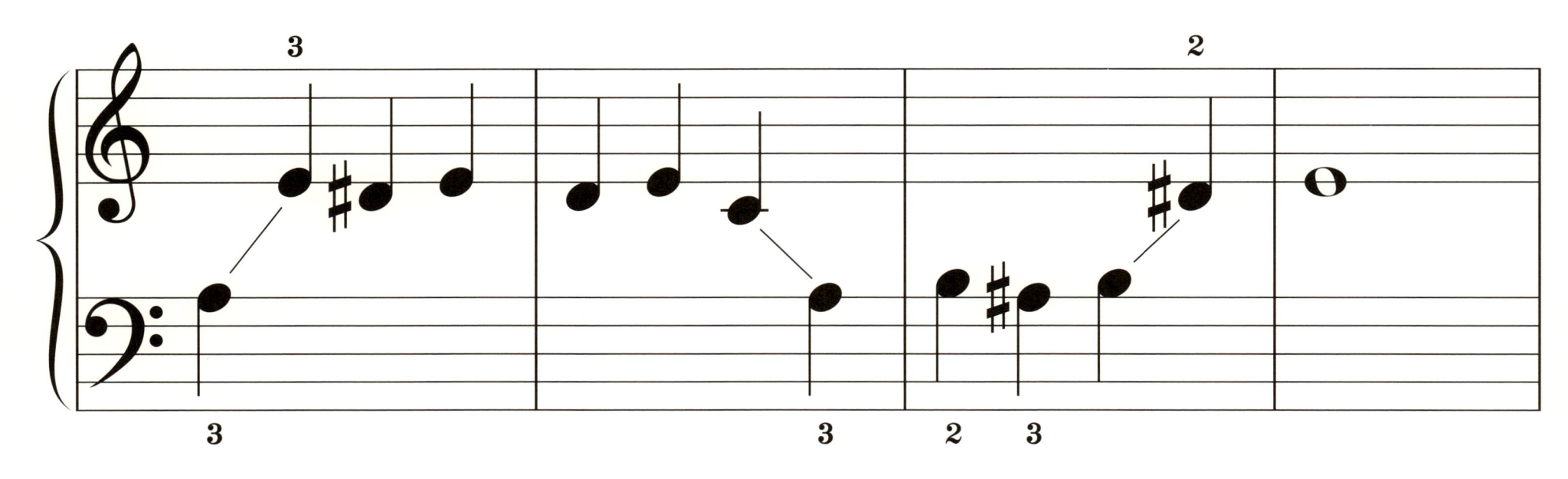

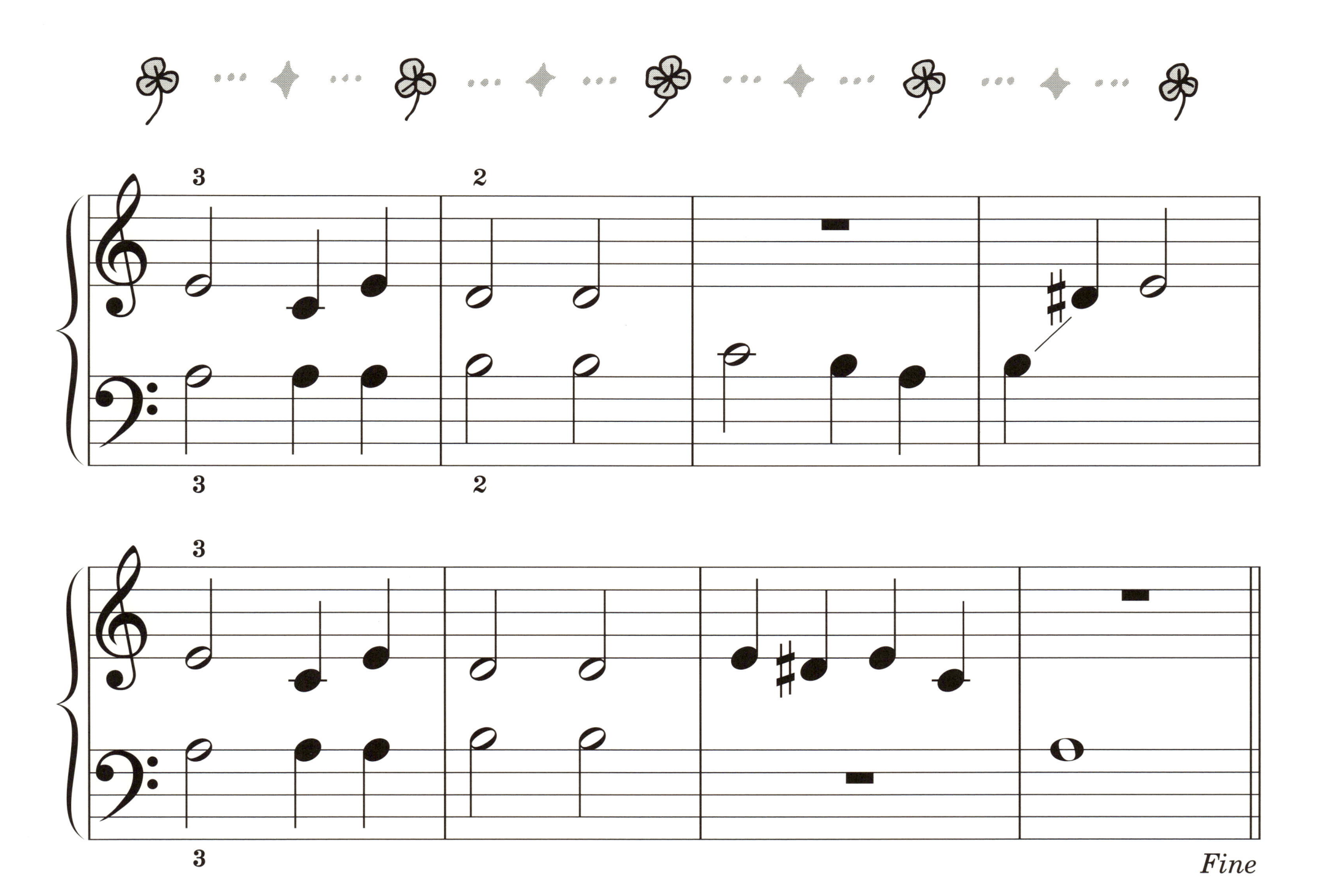

Fine

キャンディ・マーチ

元気よくならんで歩いていくように

エリオット

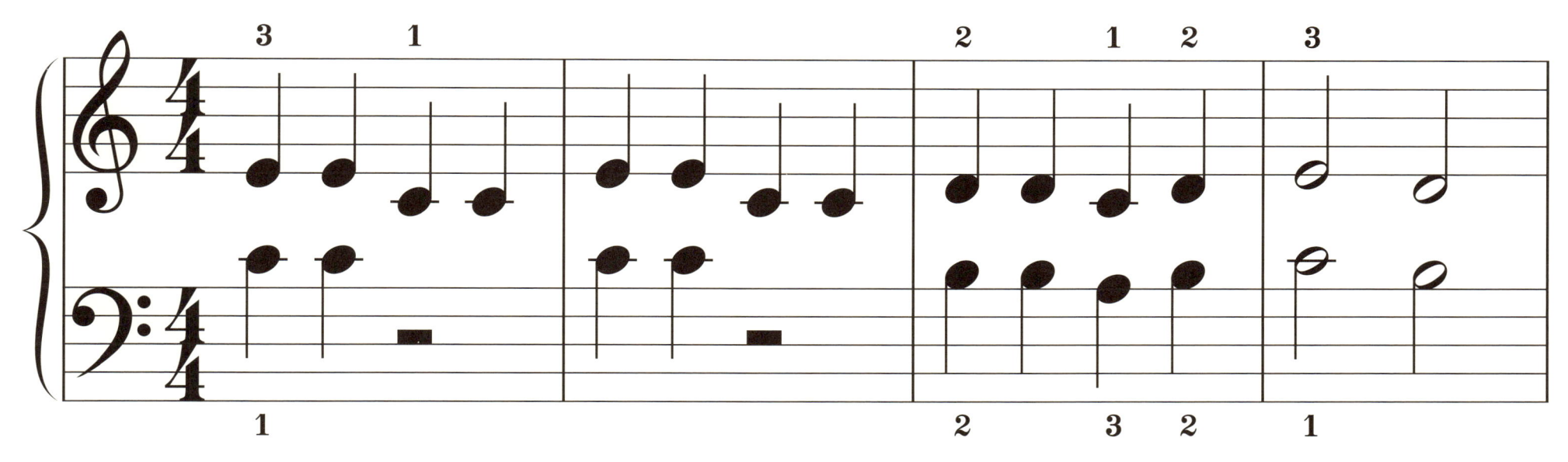

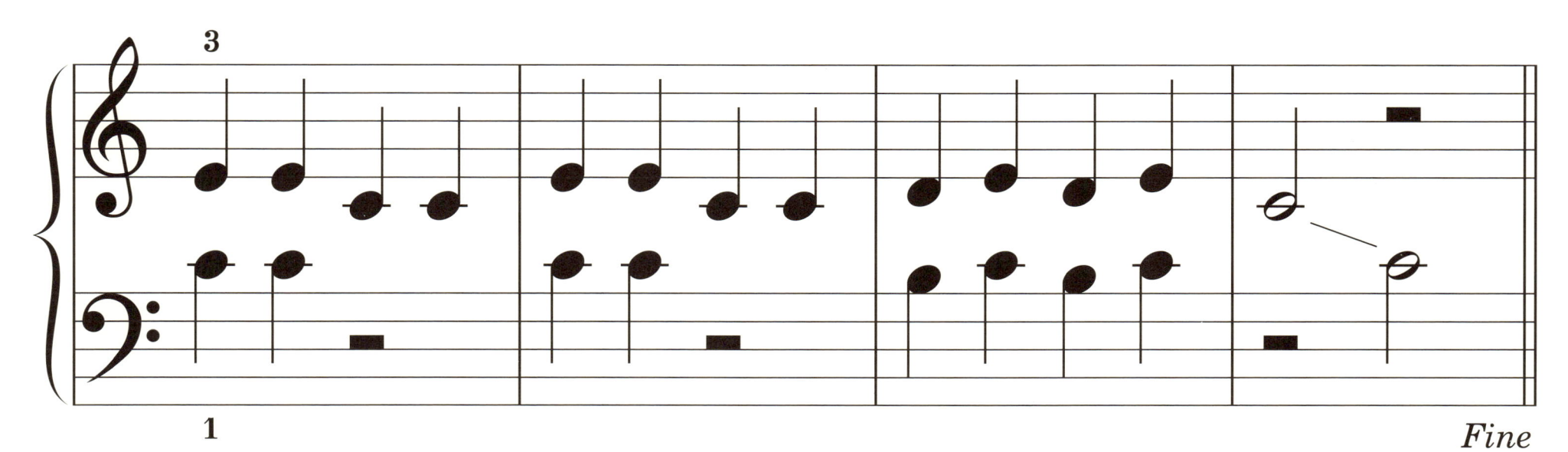

Fine

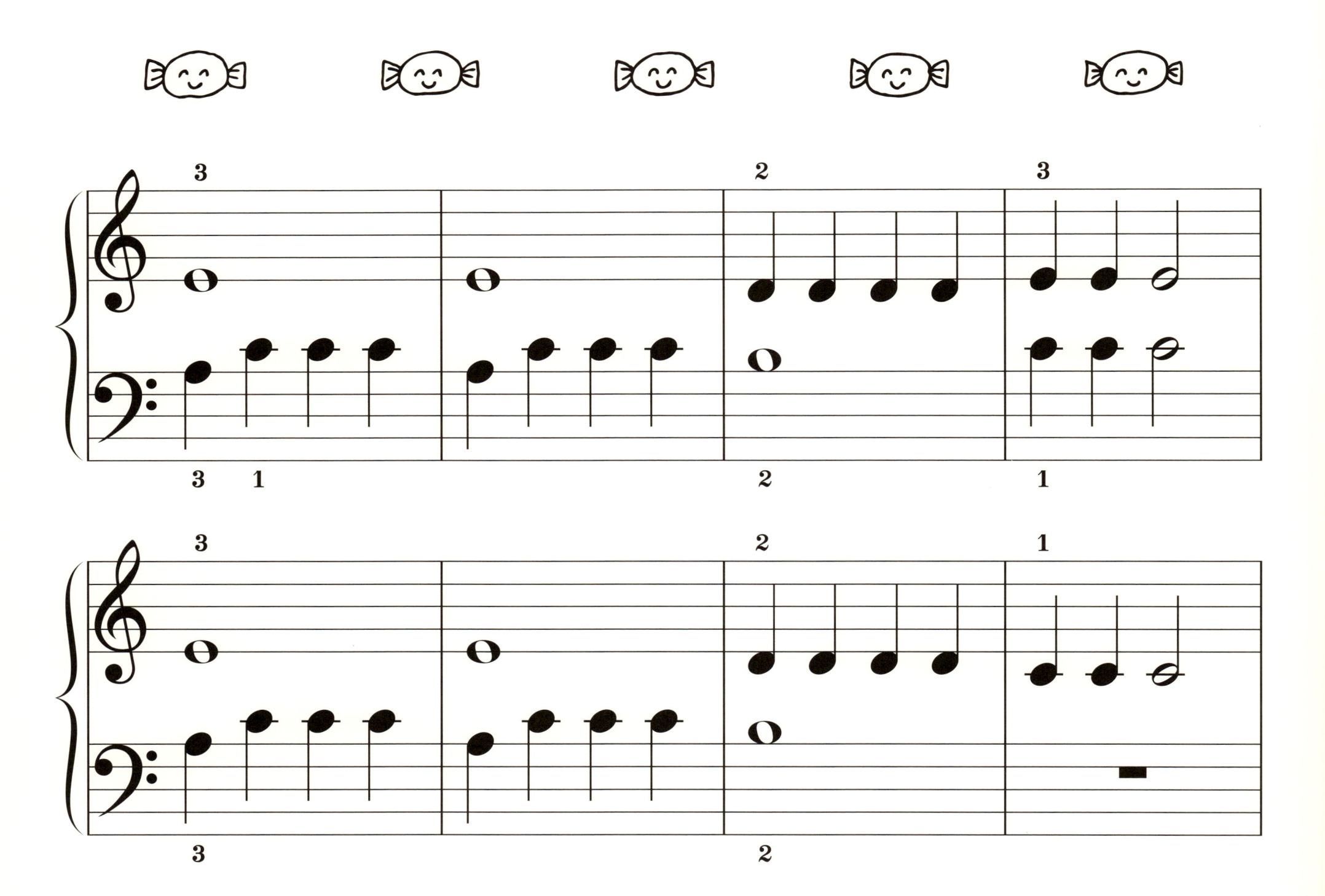

D.C.

ひまわり

エリオット

明るい夏の日ざしを感じるように

Fine

D.C.

ほしのしずく

しずかな夜の空を思いうかべながら

エリオット

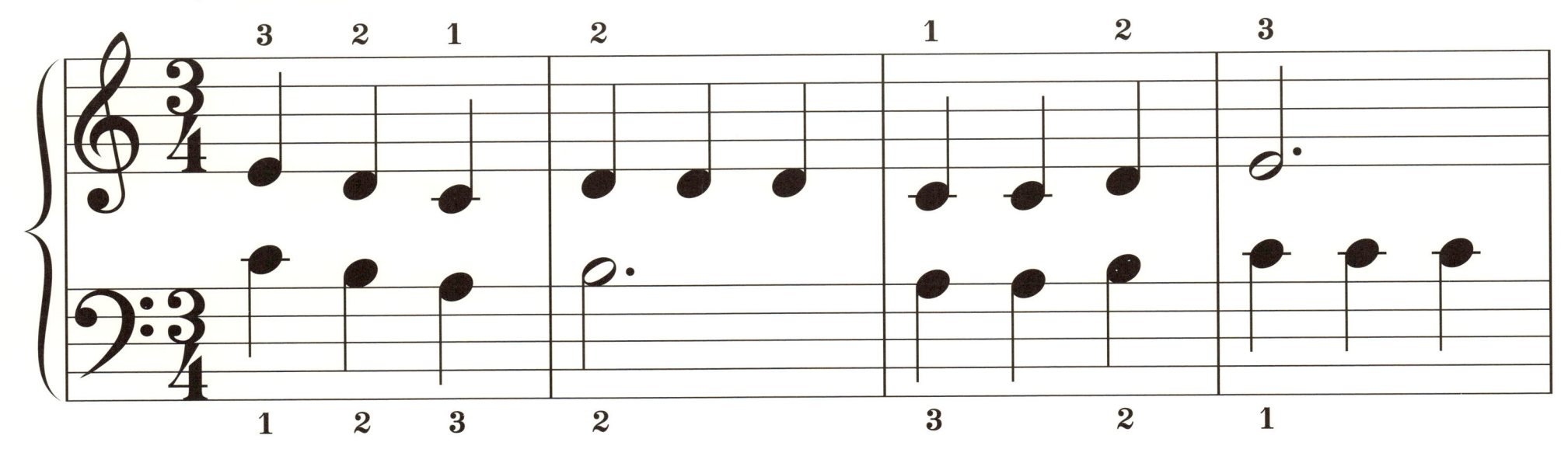

Fine

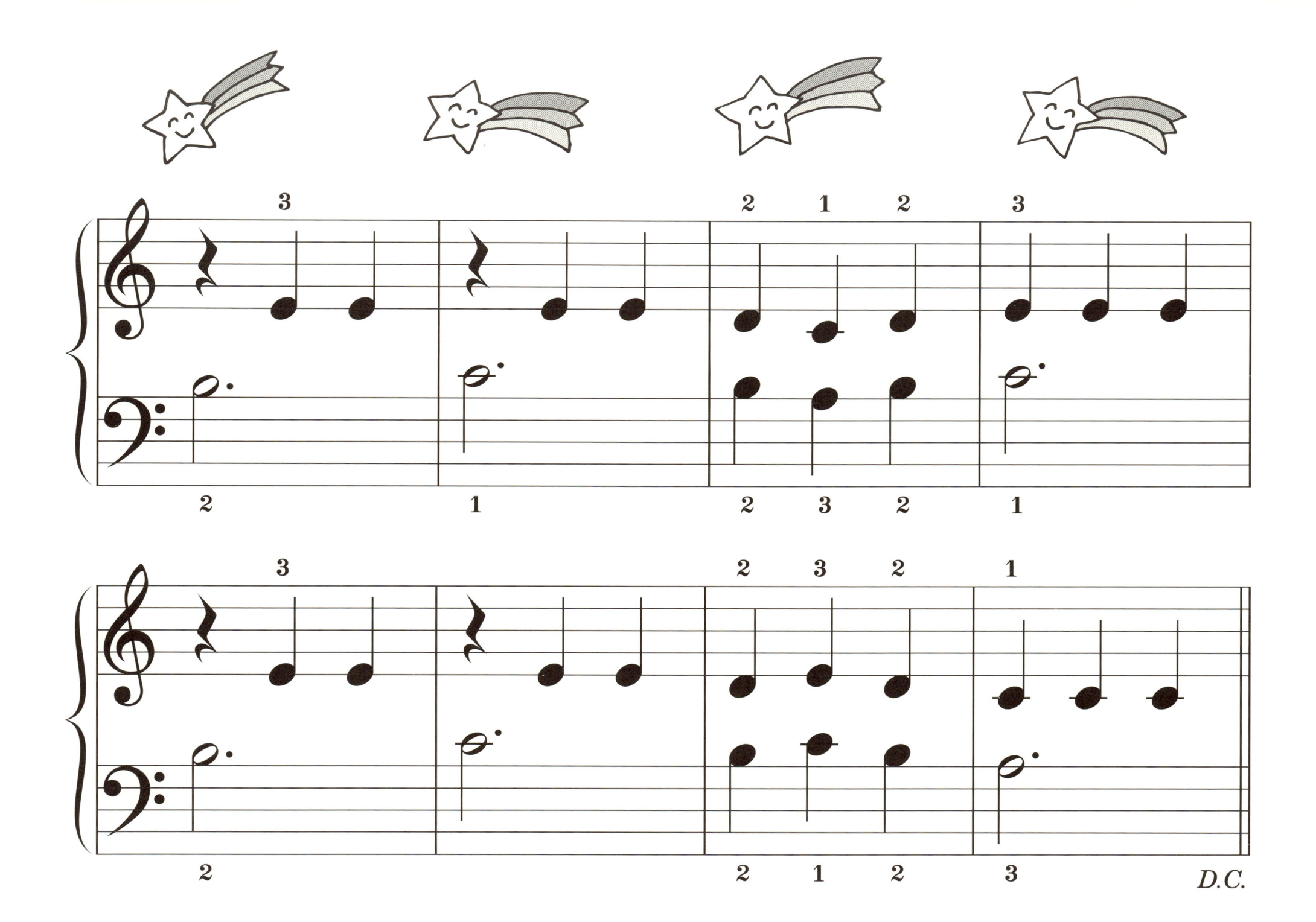

ウェーブ

波がうねるように

エリオット

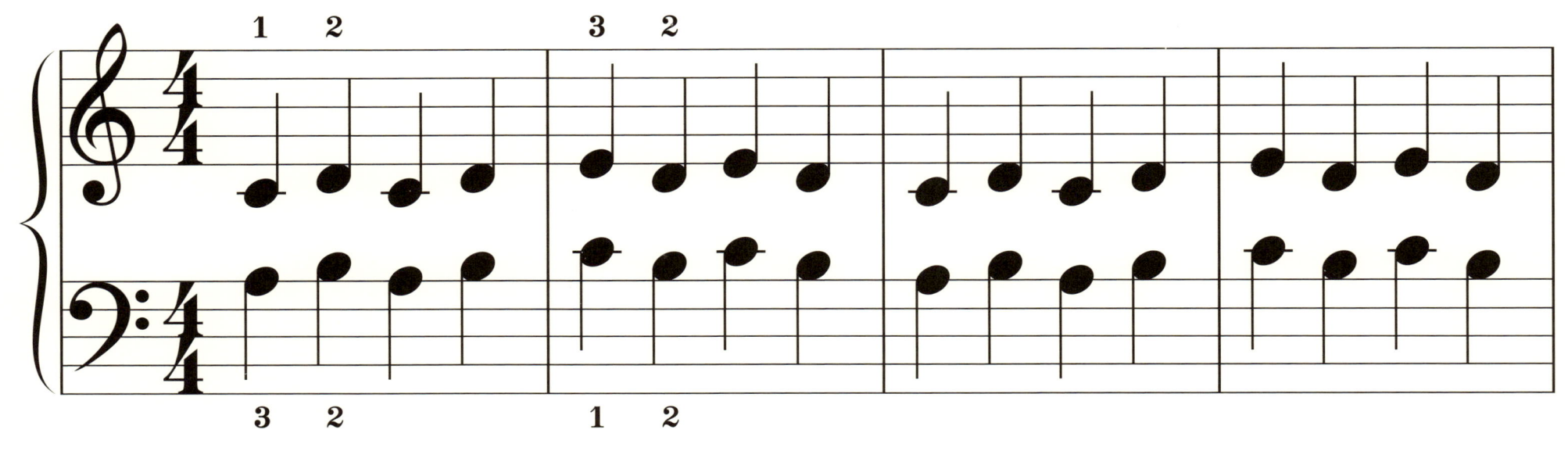

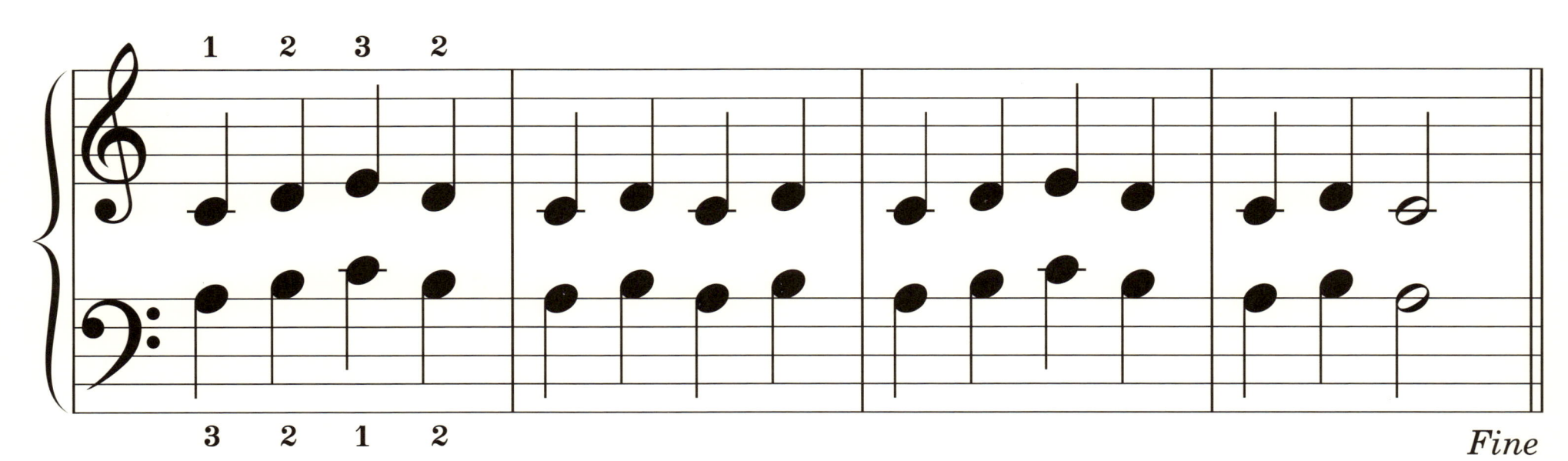

Fine

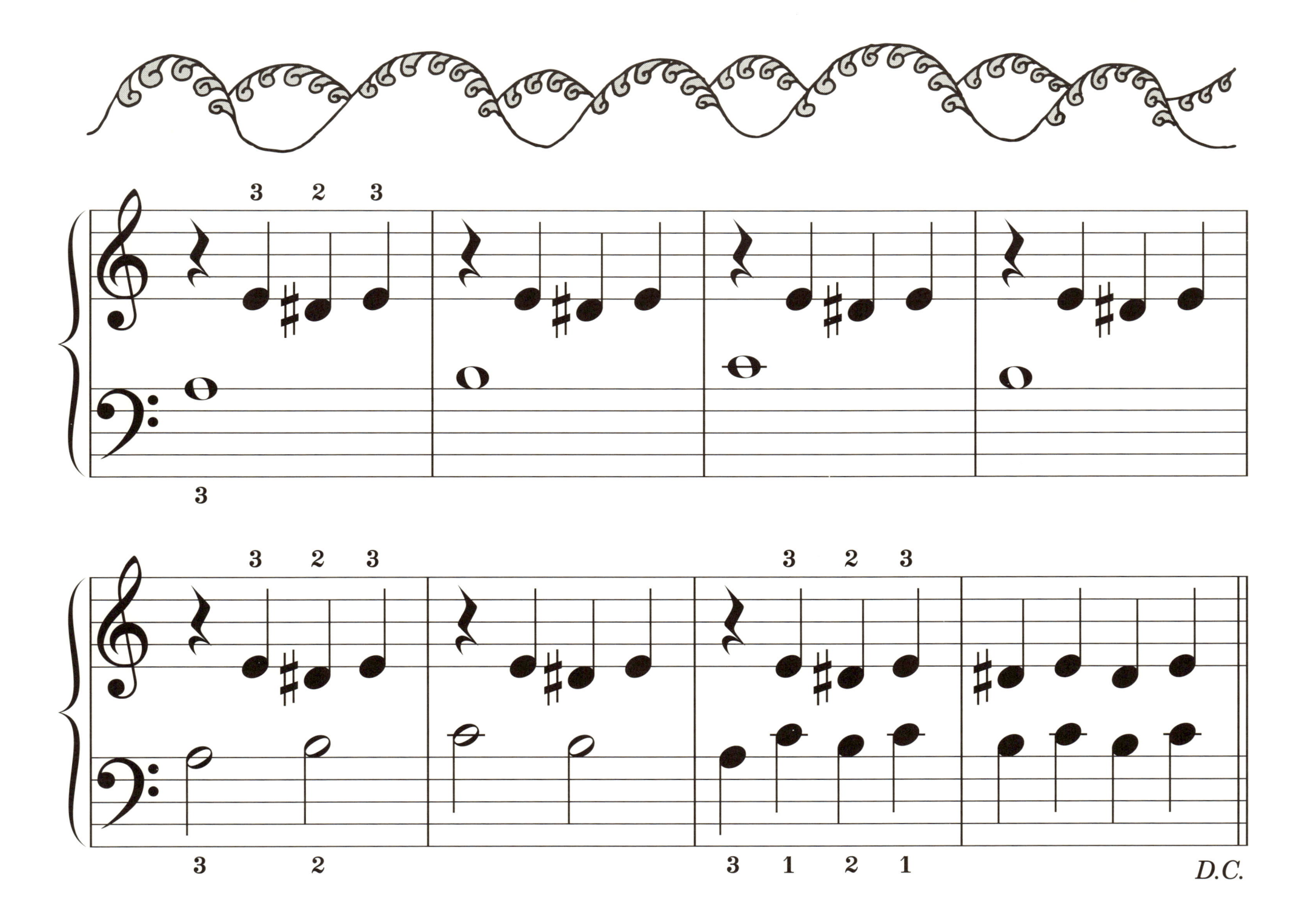

バタフライ

ちょうちょがとんでいるように

エリオット

D.C.

アニバーサリー

うれしい気持ちで

エリオット

D.C.

ドラゴン

勇ましく勢いがあるように

エリオット

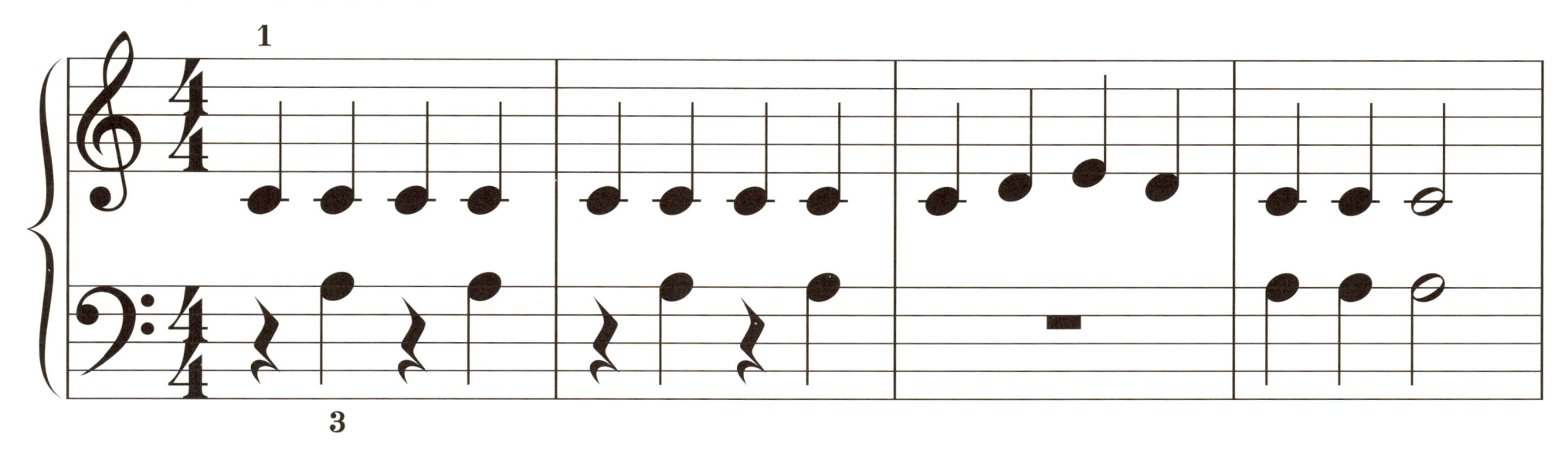

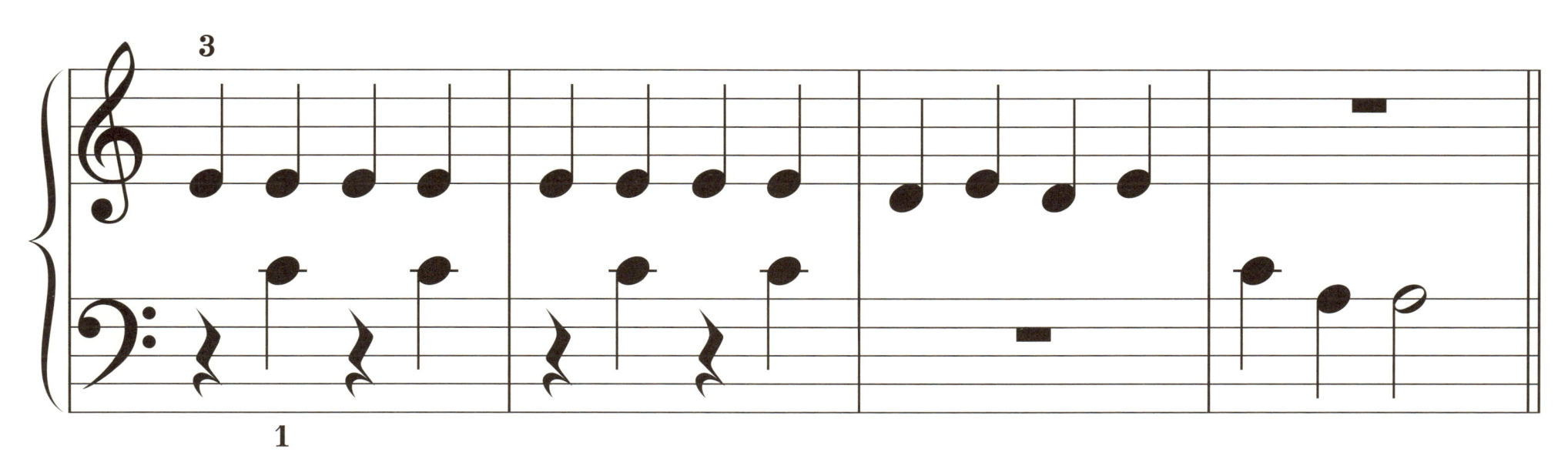

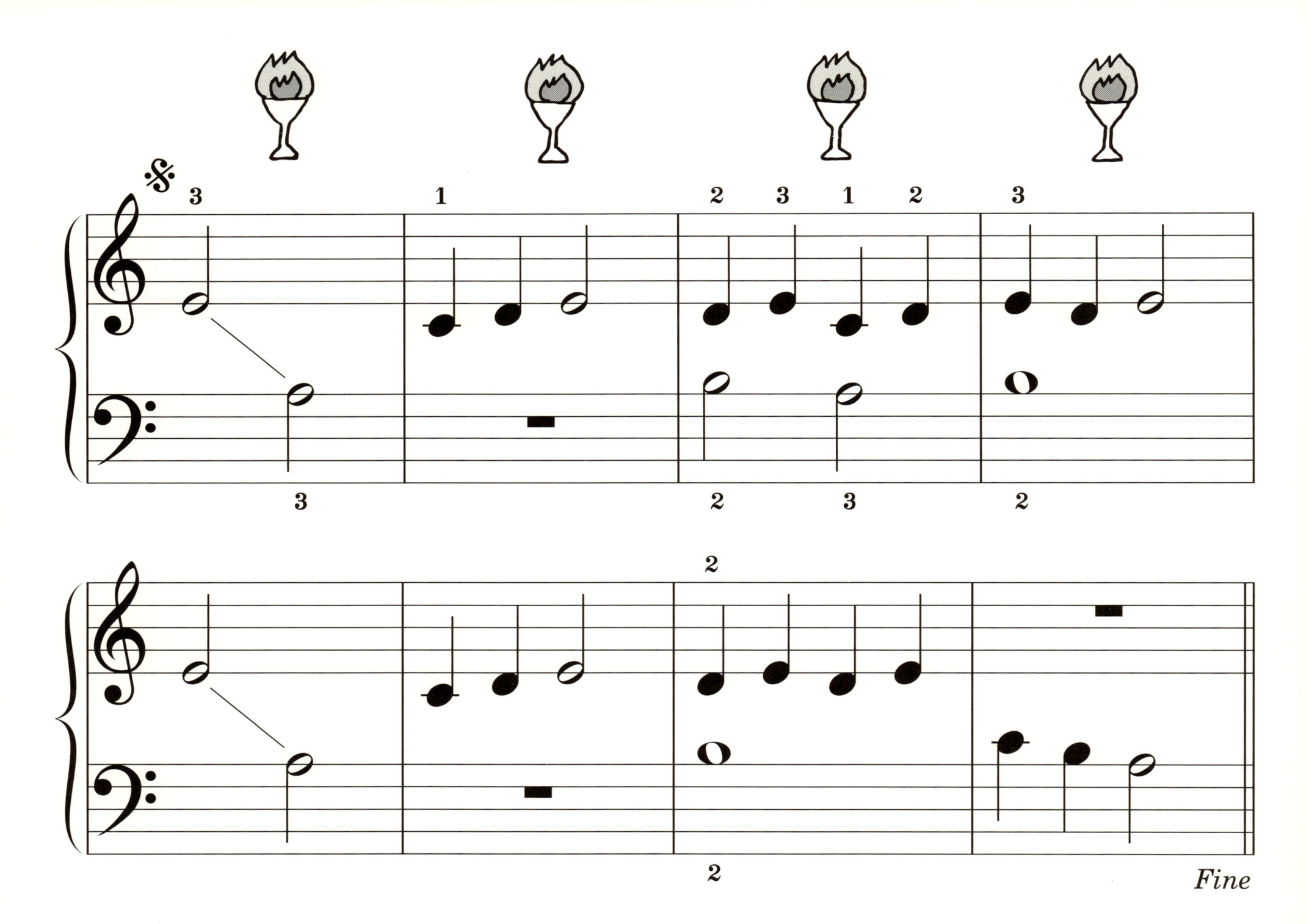

Fine

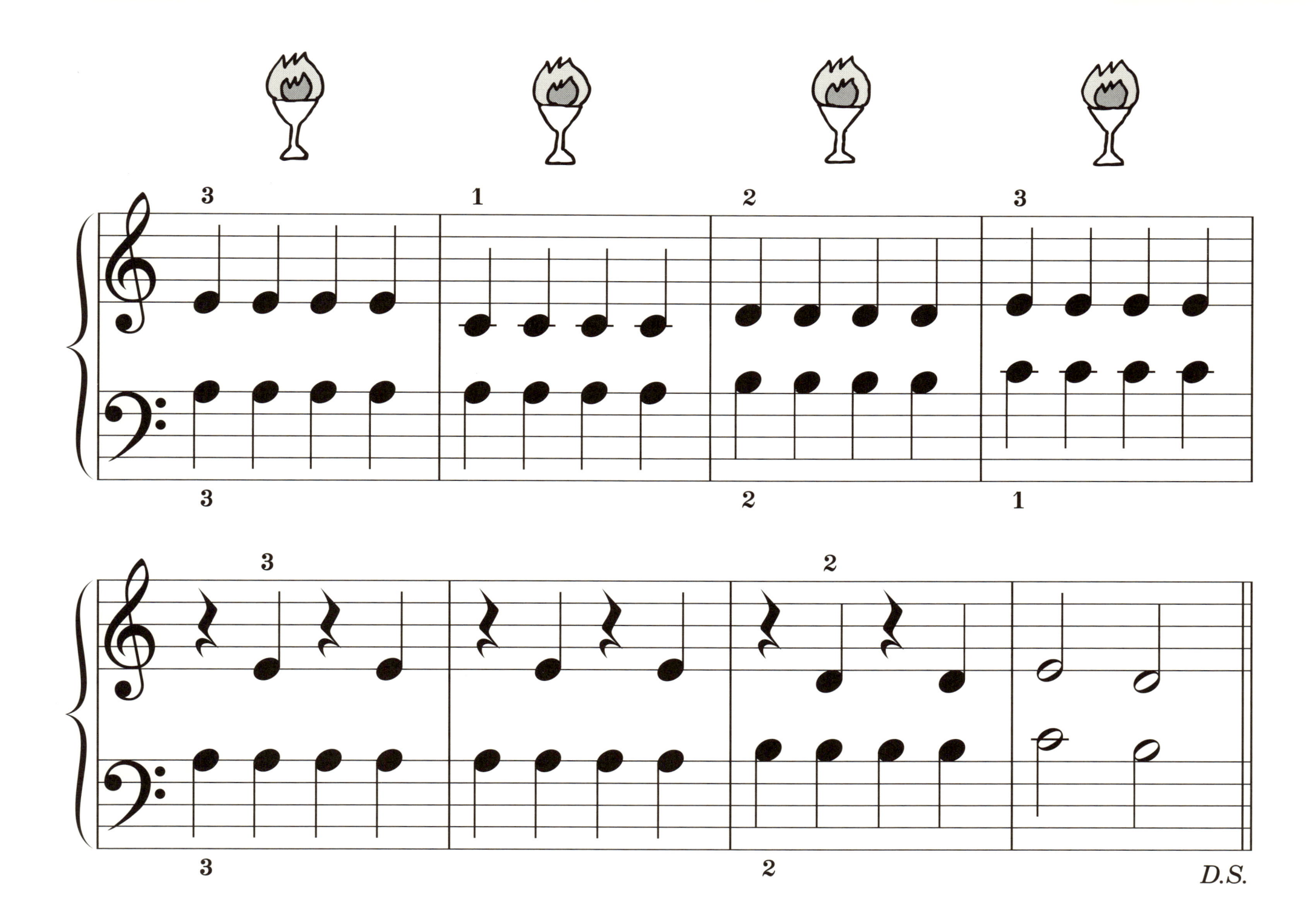

レインボー・ブリッジ

にじの橋を歩いているように楽しく

エリオット

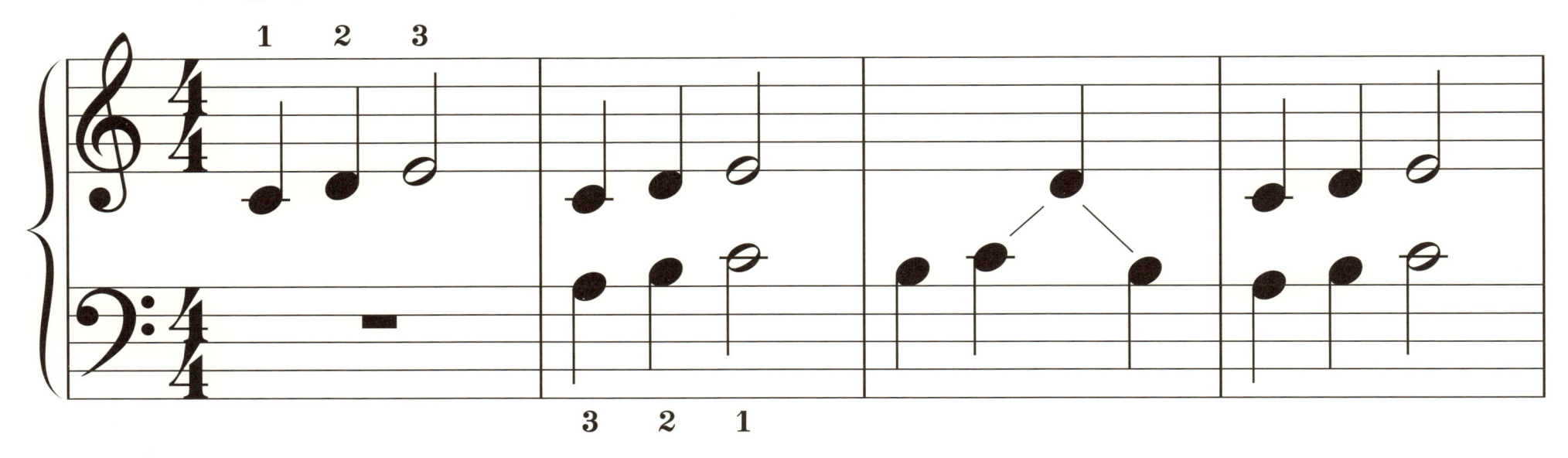

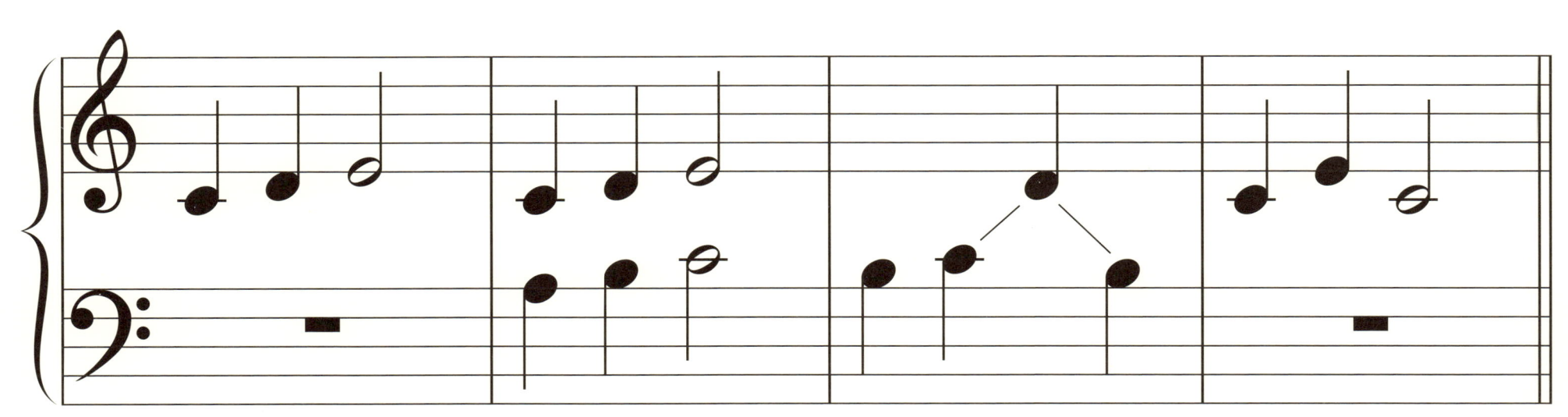

Fine

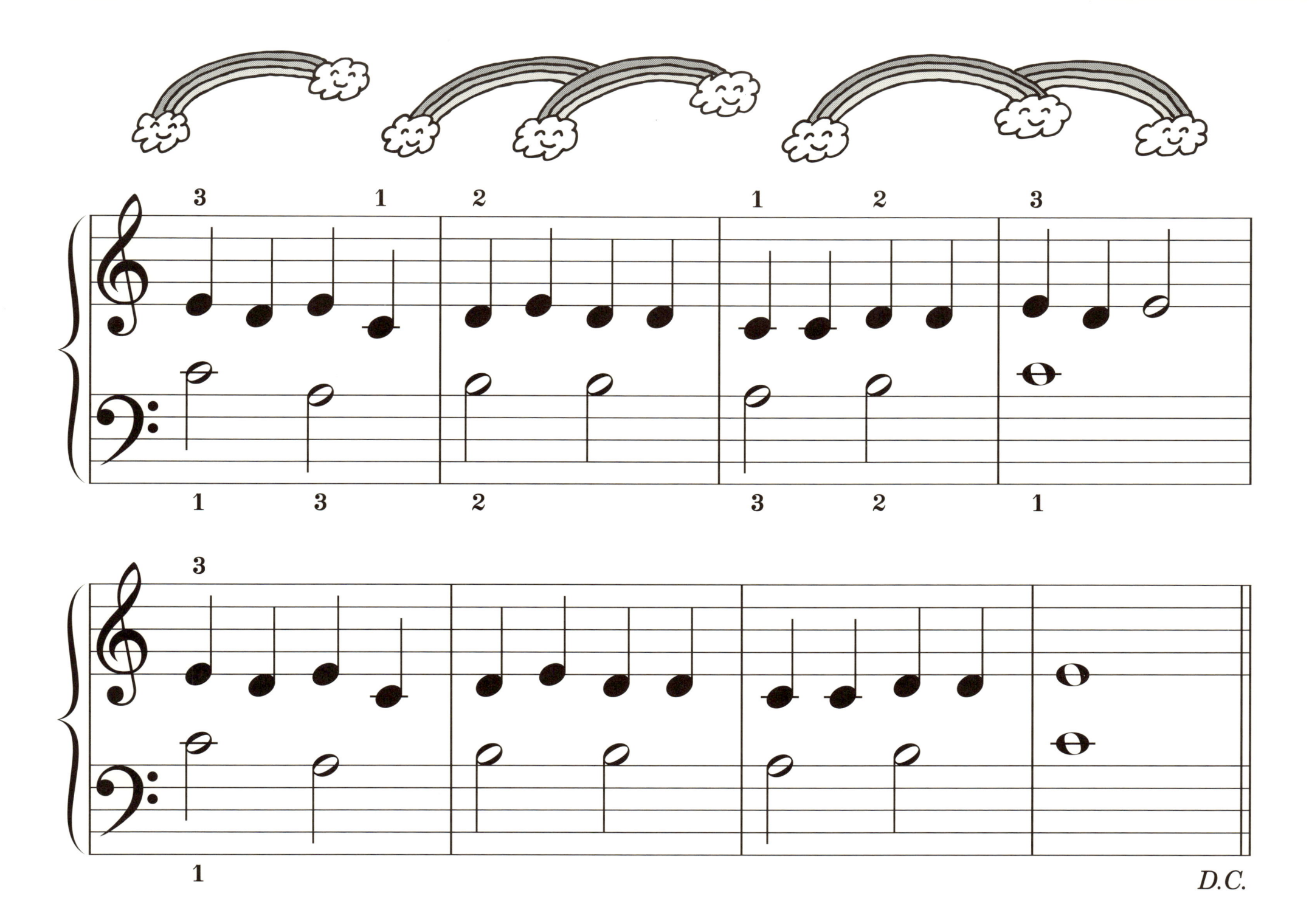

シフォンケーキ

あたたかい気持ちで

エリオット

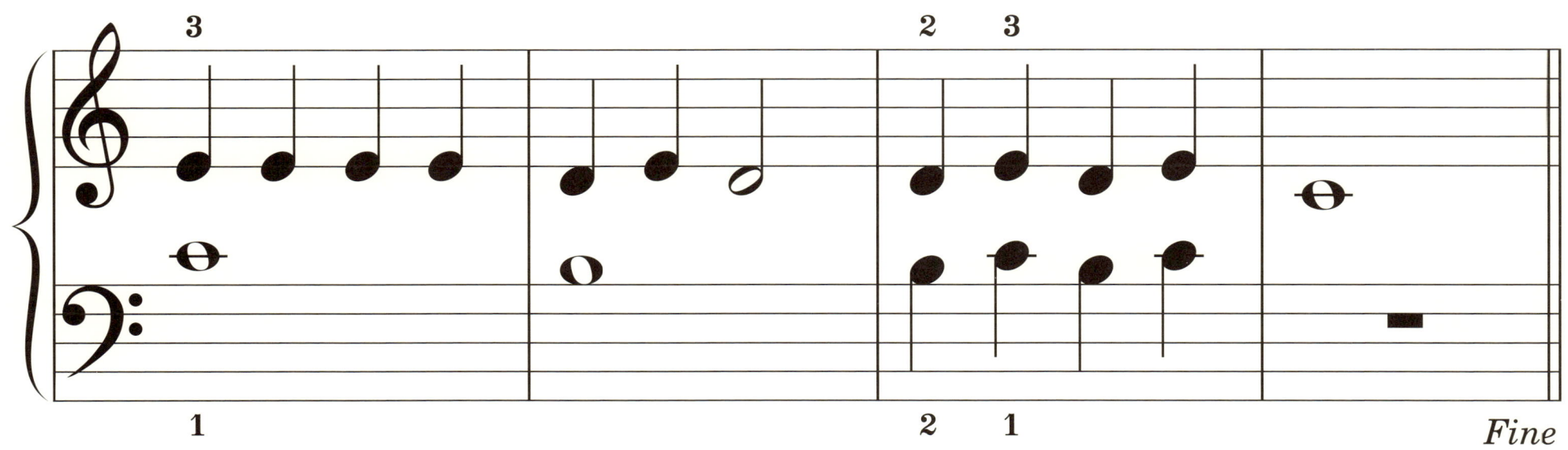

50

Fine

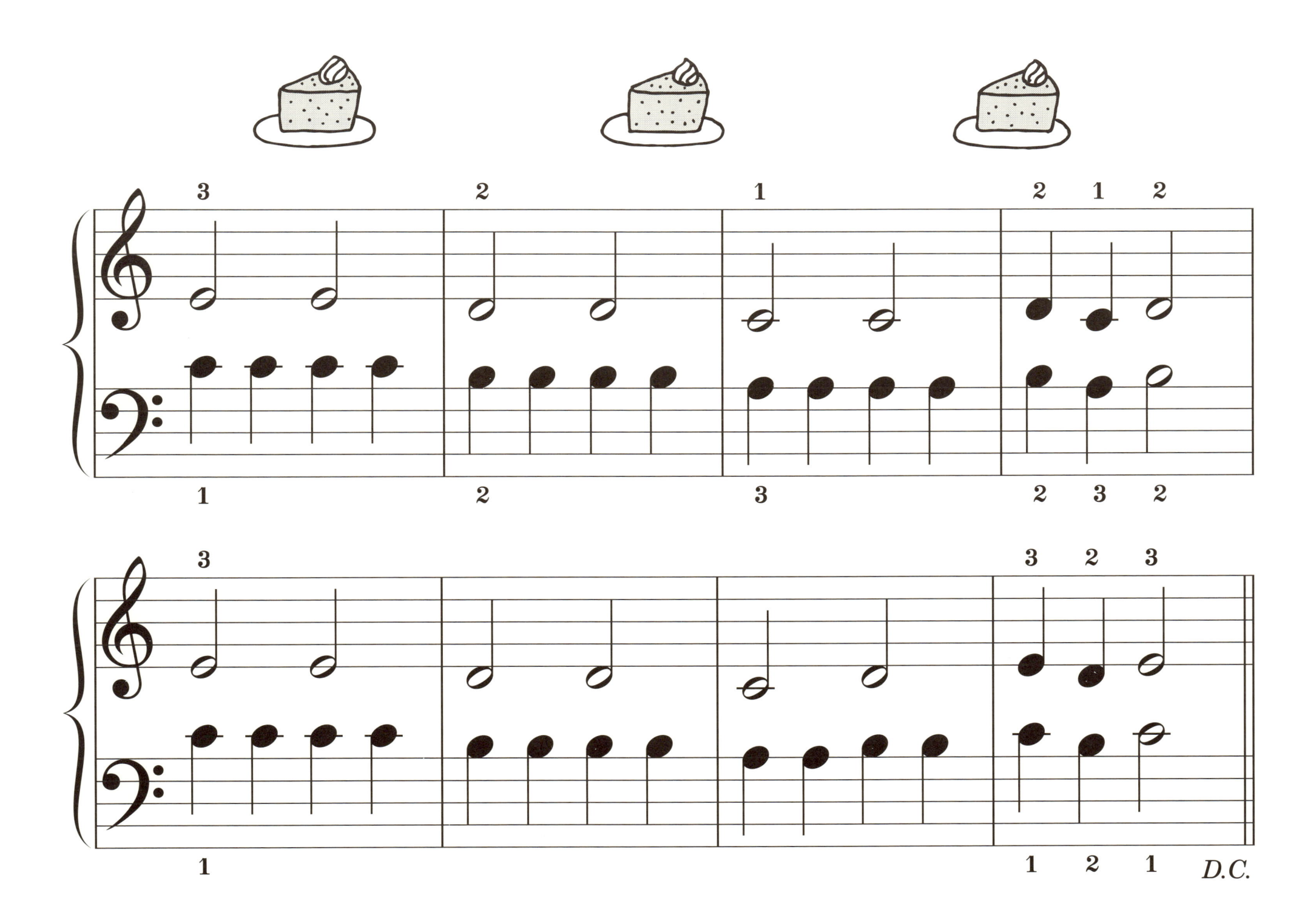

ブルーバード

エリオット

祈るような気持ちで

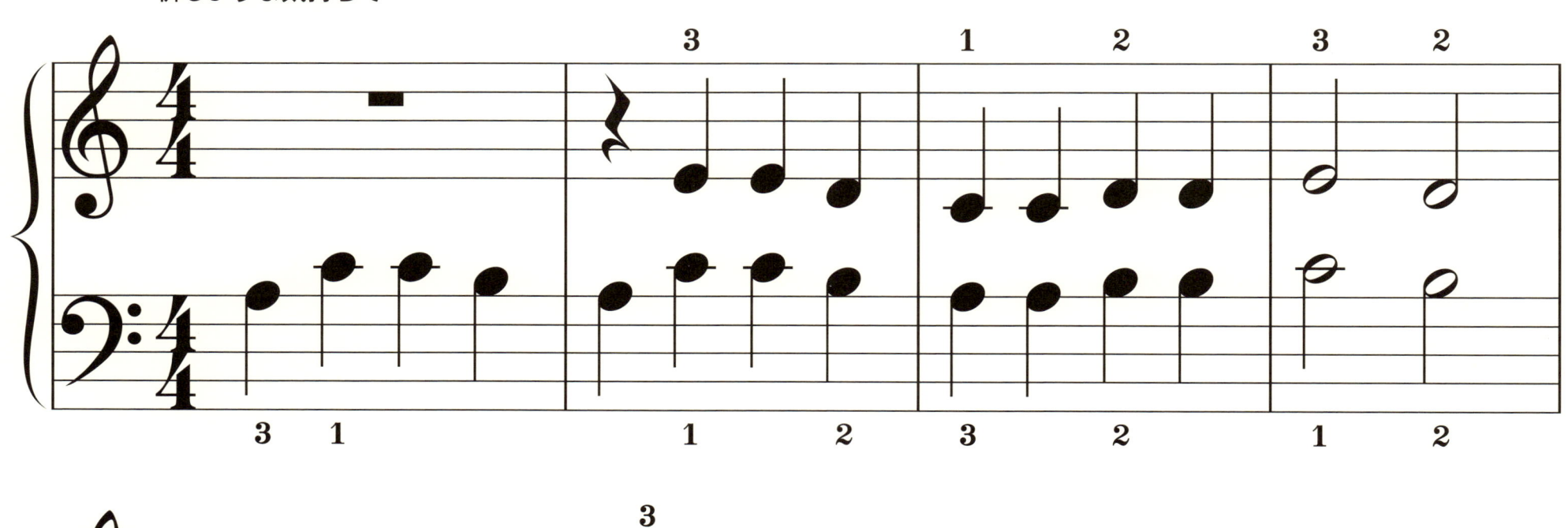

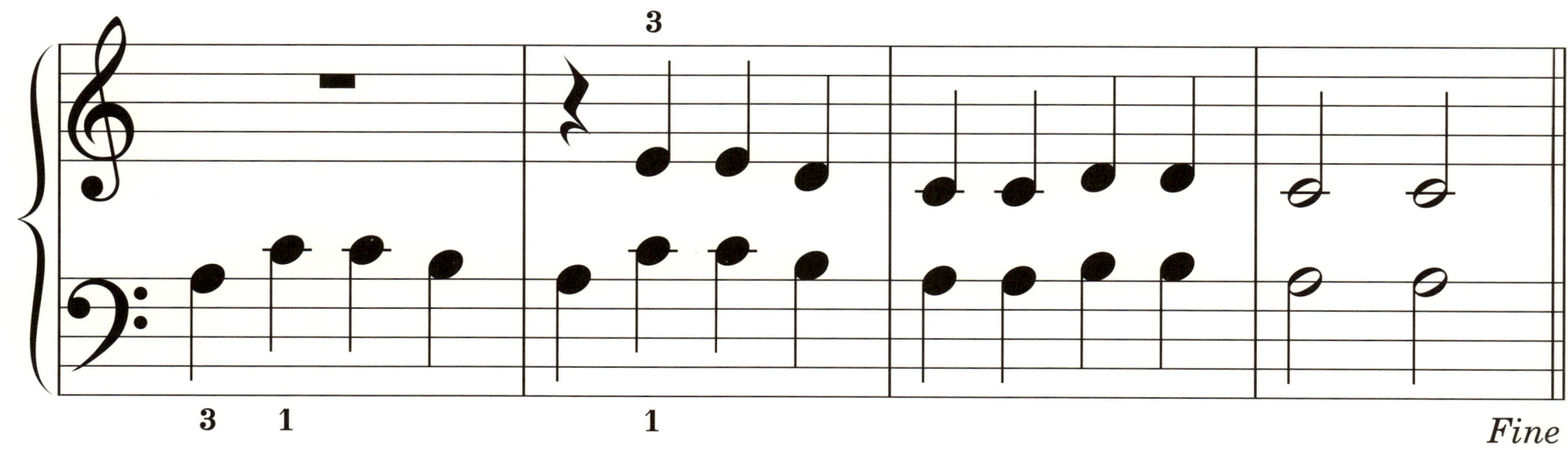

Fine

D.C.

マカロン・ロンド

おもしろい感じで

エリオット

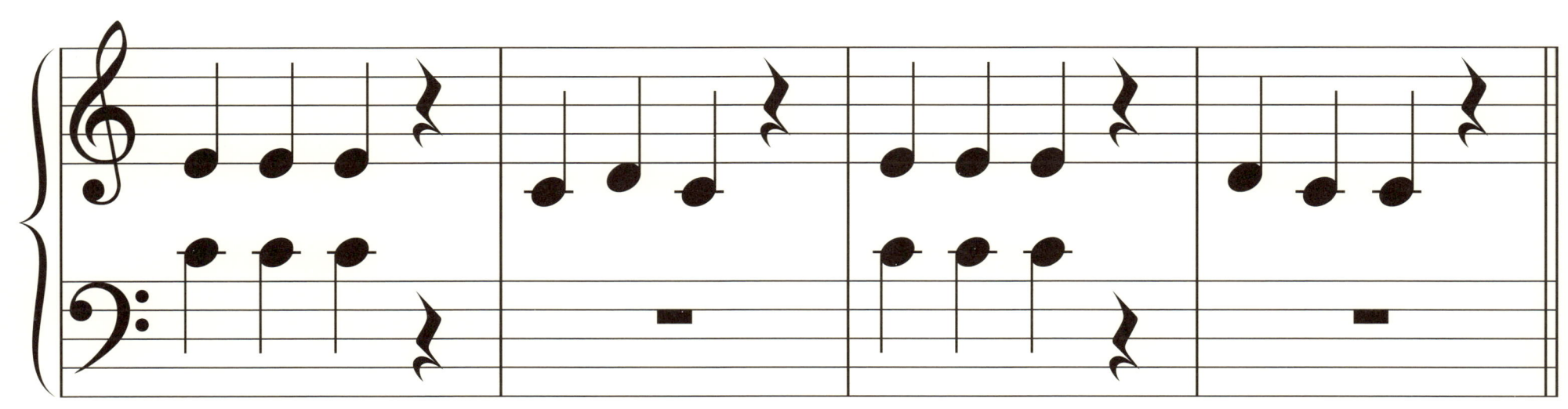

Fine

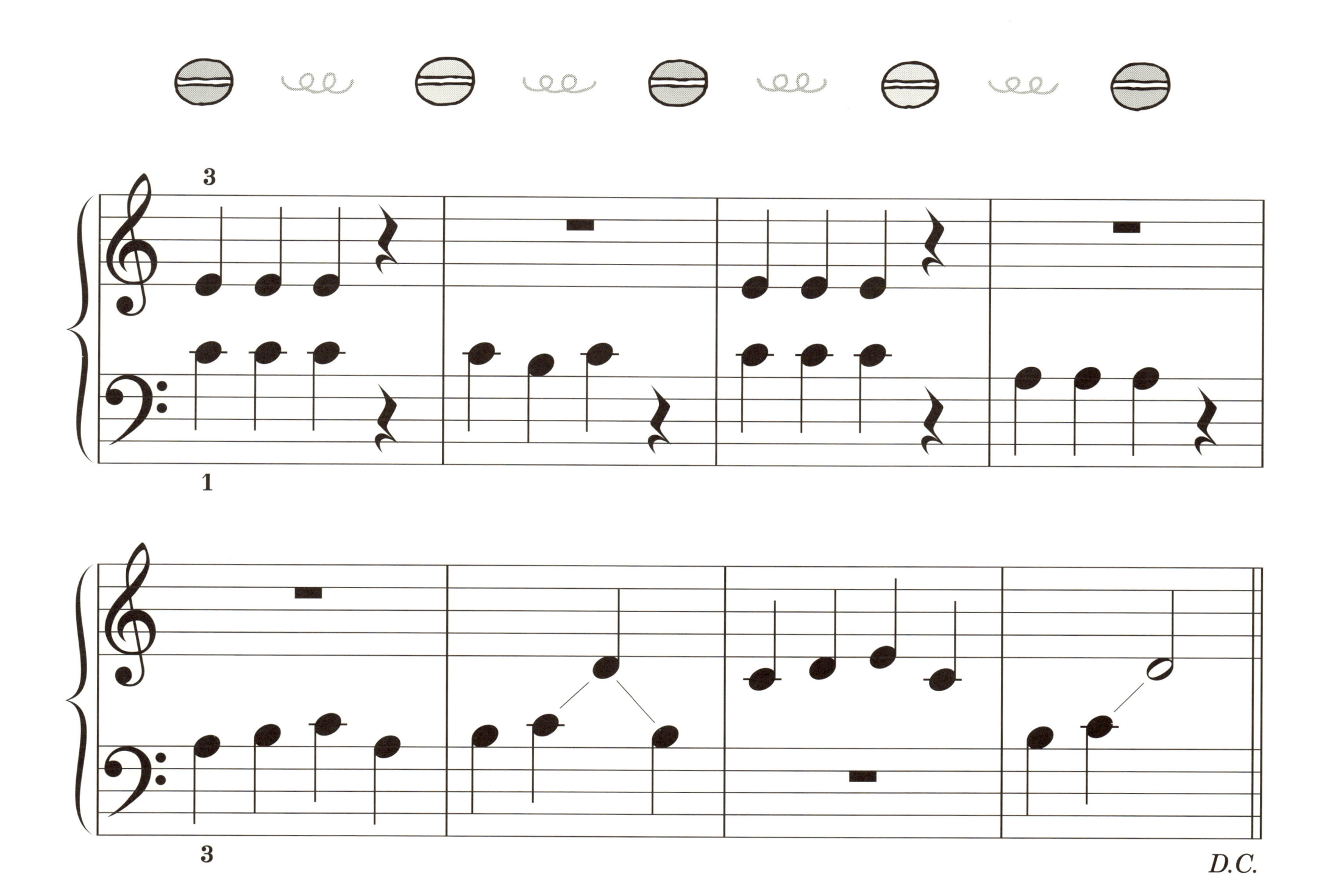

D.C.

《小さい子のための楽しい導入テキスト》 サーベル社より好評発売中

	3・4才〜	4・5才〜	5・6才〜
テキスト	**ゴーゴーピアノ ①〜③** （おんぷカードつき） 各定価 1,200 円＋税  とても小さい子のための教材で全曲4小節の短い曲です。左ページがリズム、右ページが音符。	**ぴよぴよピアノ ①〜③** （ぴよぴよゲームつき） 各定価 1,300 円＋税  右手と左手を別々に練習しながら、音符を覚えてピアノをひくコツをつかんでいく楽しい教材。一部カラー。	うたとリズムとピアノ CDつき 各定価 1,800 円＋税 **メロディー・ピクニック ①②** CDなし 各定価 1,200 円＋税  知っている曲を題材にして先生との連弾によって進んで行く楽しい教材。右手のみ。
対応ワークブック	**おんぷのおえかきワーク・ブック ①〜③** （えかきうたつき） 各定価 1,100 円＋税  音符の色ぬりや楽しい絵かき歌でレッスンに慣れていきます。左ページが絵かき歌、右ページが音符。	おんぷだいすき！ 各定価 950 円＋税 **ぴよぴよワーク・ブック ①〜③**  とても大きな音符で小さい子でもすっきりト音記号とヘ音記号の音を区別して覚えることができます。	ひいてたのしいゲームつきワークブック **おんぷワンダーランド ①〜③** 各定価 950 円＋税  音符を書くだけでなく、ゲームを取り入れながらピアノをひいて進んでいきます。

〈小さい子のレッスンをうまくこなすための三部作〉

「1才からのピアノ・レッスン」（21世紀の新しい音楽教室のために）
　著者の経験に基づいたユニークな指導書。小さいお子様のレッスンでお困りの先生方に一筋の光を与えます。すぐに役立つレッスン・スケジュールつき。

「2才からのピアノ・レッスン」（小さい子の上手な教え方）
　リズムと音感のトレーニングから小さい子の扱い方、2才から6才の教え方を具体的に説明します。便利な体験レッスン・プログラムつき。

「ピアノ・レッスン知恵袋」（テキスト選びとレッスンのヒント）
　小さい子から高齢者まで年齢別に詳しく解説した指導書。レッスンの組み立てから生徒の励まし方まで楽しく早く上達する方法を提案します。

各定価［本体 1800 円＋税］

遠藤蓉子ホームページ　http://yoppii.g.dgdg.jp/
【YouTube】よっぴーのお部屋　レッスンの扉
楽しいレッスンのサンプルを動画でアップロード

著　者	遠藤蓉子	発表会のためのソロ曲集
ＤＴＰ	アトリエ・ベアール	**ぴよぴよコンサート ①**
発行者	鈴木廣史	（たのしい両手）
発行所	株式会社サーベル社	
定　価	［本体 1200 円＋税］	〒130-0025　東京都墨田区千歳 2-9-13
発行日	2024 年 4 月 21 日	TEL 03-3846-1051　FAX 03-3846-1391
		http://www.saber-inc.co.jp/

ISBN978-4-88371-756-9 C0073 ¥1200E